JE BRISERAI VOS CHAÎNES

Loïc Huyghues Despointes, o.ss.t.

Je briserai vos chaînes

Avec les captifs, Jean de Matha et ses disciples

nouvelle cité

Composition : P.A.O. Nouvelle Cité

Nihil obstat
Rome, le 11 juin 1995
Père Juan Pujana o.ss.t.

Imprimatur
Paris, le 20 juillet 1995
Père Claude Choquet o.ss.t.

En couverture : détail d'un tableau ornant le chœur de l'église d'Oudenarde (Belgique) et retraçant des épisodes de la vie de Jean de Matha.

ISBN 2-85313-279-x

37, avenue de la Marne, 92120 Montrouge

Au père Pierre Saint-Pierre, o.ss.t.
avec reconnaissance

Les Trinitaires ont fêté le huitième centenaire de l'inspiration qui bouleversa la vie de saint Jean de Matha et fut à l'origine de leur Ordre religieux.

Le 28 janvier 1193, affirme une tradition respectable, Jean célébrait sa première messe. Il eut une vision : le Christ Rédempteur tenant en mains deux esclaves qu'il arrachait des fers. L'un était blanc et livide, l'autre noir et tout difforme. Le blanc était chrétien. Il portait une croix bicolore, rouge et bleue. L'autre était païen. Objets d'une égale sollicitude.

Ils représentaient ces hommes, esclaves, plongés sans espérance de salut dans de grandes souffrances physiques et morales, loin de l'amour de leur foyer, de leur famille, de leur patrie, loin semblait-il de l'amour de Dieu. Hommes atteints dans la profondeur de leur humanité, toute de dignité et d'amour, mutilés dans leur vocation de fils, au point d'en oublier l'intimité du Père.

Les Trinitaires, pendant huit cents ans, ont été envoyés au devant d'hommes captifs de situations déshumanisantes.

Au long de l'histoire, ils ont voulu soulager ces frères et préserver en eux l'humanité, c'est-à-dire la capacité à la vie divine. Aujourd'hui encore, ils entendent les cris de ceux qui sont dans l'impossibilité, sans solidarité, de communier à la vie trinitaire. Ils rejoignent ce que voulait Jean de Matha : faire rencontrer Dieu Trinité dans les réalités de mort, qu'il s'agit de rejoindre pour y lutter d'espérance, comme un pauvre.

Le 17 décembre ramène chaque année la fête de ce saint mais les jeunes générations ignorent quasiment tout de sa personne et de sa mission. C'est grave : l'humanité, dans sa marche, doit absolument garder vive la mémoire de ses combats pour l'homme. Elle y puise un archétype qui, tel un vaccin, déclenche, soutient et oriente un processus de défense, un combat, qui la pousse en avant, lui faisant affronter et dépasser les difficultés nouvelles, le mal dans ses développements. Perdre la mémoire, c'est perdre la vie, dont la mémoire est la condition même, « empreinte » du Père dans l'âme humaine selon saint Augustin. C'est à ce niveau de compréhension qu'il faut entendre le commandement – parole qui fait être – du Christ à ses disciples : « Faites ceci en mémoire de moi » (Lc 22,19). C'est seulement en faisant mémoire que l'on est un « suivant », Christ aujourd'hui, Corps du Christ.

Ce livre, en célébrant le huitième centenaire des Trinitaires, a pour objet de prémunir contre un risque d'oubli, aux conséquences graves pour le peuple chrétien, qui s'affaiblirait. Il invite à faire mémoire des merveilles du Seigneur, à hériter d'une grâce extraordinairement féconde : la charité rédemptrice trinitaire en Jean de Matha.

Première partie

AVEC LES CAPTIFS, TRINITAIRES

INTRODUCTION

A l'origine, on l'appelait simplement « Jean, frère de la maison de la Trinité de Cerfroid, dans le diocèse de Meaux » ou « frère Jean, serviteur ». C'est le pape Innocent III qui, dans ses lettres de mai et de décembre 1198, s'exprime ainsi, au moment où il approuve le projet et l'œuvre de Jean, « fils bien-aimé » parce qu'ils « procèdent de la racine de la charité et visent en premier lieu le service de Jésus Christ et du bien commun, plutôt qu'un intérêt particulier ». « Vous autres, disait-il à frère Jean et à ses compagnons, vous recherchez les intérêts de Jésus Christ plutôt que les vôtres. »

Un grand Trinitaire du XVe siècle, Robert Gaguin, écrivit une biographie de son fondateur et c'est lui qui précisa : « Jean… mourut sexagénaire en 1214. […] Il y a une région de la France appelée Provence, d'où est originaire Jean de Mata. […]. Il appartenait à une famille de la classe moyenne. »

Longtemps doyen de la faculté de droit de l'Université de Paris, poète et théologien, élu supérieur général de l'Ordre à un moment difficile, en 1473, Gaguin est digne de confiance. Erasme se déclarait son ami.

Jean de Matha serait donc né au milieu du XIIe siècle [1]. De fait, on retrouve en lui les caractéristiques psychologiques et sociales de cette époque, fortement enracinée dans le haut moyen âge et pourtant travaillée par un dynamisme novateur extraordinaire. Ce qui s'épanouira au XIIIe siècle et, peut-on dire, à l'époque moderne, est là, en germe. C'est le siècle de saint Bernard, qui parle encore à notre temps de constructeurs d'Europe, pourvu que l'on veuille tout fonder sur les valeurs de l'Esprit.

L'observation montre que les hommes dont la vie a été remplie de la présence de Dieu ont joué plus que les autres un rôle déterminant dans le processus historique, car ils participaient de cet enfantement créateur qui est en Dieu, qui du précédent tire le nouveau et de l'humus l'homme. Créateur d'histoire, l'homme – et particulièrement le saint – révèle Dieu.

Jean de Matha fut l'auteur d'une œuvre étonnamment moderne. Enracinée dans son XIIe siècle natal, elle porta du fruit au siècle suivant, et bien au-delà, car elle était jaillissement créateur.

---

[1] En 1154, précise la tradition postérieure.

Chapitre 1
L'HOMME

« Il est une région de la France appelée Provence, d'où est originaire Jean de Mata. »

La Provence

Aux alentours des années 1230 ou 1240, Albéric, moine de l'abbaye cistercienne des Trois-Fontaines, non loin de Châlons-sur-Marne, écrivit dans son *Chronicon :* « Dans la première année du pontificat d'Innocent III [2] surgit un nouvel Ordre, par les soins d'un certain Maître Jean, de France, avec la collaboration du pape : l'Ordre des frères de la Maison de la Sainte Trinité. »

A partir du XVe siècle, les auteurs utiliseront le nom « Gallia » pour désigner la France. Au XIIIe siècle, en revanche, il était d'usage de parler de « Francia ». Sans doute les origines germaniques du pays étaient-elles alors plus clairement ressenties. Le terme « France » correspondait à

[2] En 1198.

peu près à ce que nous appelons aujourd'hui « Ile-de-France ». C'était le domaine féodal du Roi.

Jean est, en ce sens, qualifié de « français ». A une époque où l'Europe chrétienne était la patrie commune, on repérait les gens par leur province d'origine. La tradition trinitaire retiendra ainsi les noms de « Jean l'Anglais », « Guillaume l'Écossais », « Michel l'Espagnol », premiers Généraux de l'Ordre. Or, l'expérience primitive de l'Ordre eut bien l'Ile-de-France pour cadre. Ce qui explique la confusion du moine Albéric qui, de Jean de Matha, ne connaissait que l'œuvre.

Notre Jean, vers 1250, n'était donc pas très connu : « un certain Jean », que l'on disait de France. Et aussi « maître », c'est-à-dire membre d'un de ces grands centres « d'Études Générales » qui seront par la suite, à partir du XIIIe siècle, appelés « Universités ». Il avait un renom de personnalité locale, sans atteindre à l'échelon de la chrétienté, comme saint François ou saint Dominique. Ne le connaissaient guère que ses proches.

C'est ce qui transparaît d'une relation anonyme, datée de 1250 environ, provenant du couvent trinitaire de La Perrine, en Normandie. On l'appelle du nom de ses premiers mots : *« Hoc fuit initium »*, « Tel fut le début... », récit vraiment digne de foi, non certes dans la précision des détails – il reproduit des narrations naïves, des traditions « familiales » – mais par son innocence et sa sincérité. Assez bien informé sur la personne et l'histoire de notre saint, il rapporte que *« sous Maître Prévostin*[3] *étudia*

[3] Prévostin de Crémone, bien connu des historiens, enseigna à Paris de 1180 à 1194.

puis enseigna la théologie à Paris un autre Maître, appelé Jean le Provençal».

Les Trinitaires Robert Gaguin, en 1492, et Jacques Bourgeois, en 1586; le moine célestin Benito Gogon, en 1625, confirment ce donné: Fr. Jean est provençal! On dit même dans un bréviaire trinitaire de 1514 qu'il est de Faucon. Ce village se trouve en Ubaye. Il est, avec Saint-Pons, le plus ancien de la vallée, occupant l'endroit le mieux exposé, le plus large, le plus beau. La vallée toute entière est une merveille et, si la tradition qui y fait naître Jean de Matha est exacte, on peut y voir un sourire divin, un clin d'œil de l'Esprit Saint, tant l'endroit est propice à l'élévation spirituelle.

Sa famille serait d'origine catalane, disent les auteurs, et de petite noblesse. Il est sûr que le patronyme «Mata» était fortement enraciné en Catalogne, dès avant l'an 1000. Un certain Hugo de Mata combattit aux côtés de Charlemagne et prit part à la conquête de Barcelone. On sait aussi que, de 1112 à 1213, la Provence fut catalane et imprégnée de cette influence. Conformément au système féodal, les seigneurs catalans, qui défendaient les intérêts des comtes-rois de Barcelone face à leurs rivaux du sud de la France, reçurent des fiefs en récompense. Celui de l'Ubaye, retiré et assez pauvre, ne devait pas correspondre à un rang très élevé.

Pour la petite histoire et en toute liberté, retenons avec la tradition que Jean de Matha naquit en Ubaye, aux premières vêpres de Saint Jean-Baptiste (dont il reçut le nom et le patronage), le 23 juin 1154, d'Eufème, seigneur de Faucon, et Marthe Fenouillet, languedocienne de noble famille. Pour nous détendre et ressentir peut-être quelque chose de l'expérience de Jean, dans l'atmosphère de son temps, dans la famille et l'Ubaye de son enfance, écoutons ce récit imaginaire.

« Faucon !

« Un chaud soleil écrasait la vallée. L'Ubaye coulait, rieuse et indisciplinée. Le voyageur s'arrêta un instant. Il arrivait. Il contempla le village, la vallée, la rivière. Elle scintillait, mutine, adolescente, moqueuse, bien chez elle. Elle l'avait accompagnée tout au long de la montée. Sa course libre, son éclat, son rire incessant l'avaient encouragé. Elle était si fraîche, drapée dans cette vallée verte qui considérait, médusée, une telle liberté, écartant par endroit son manteau de forêt, comme pour laisser voir qu'elle préférait, elle, être sérieuse : un alpage s'ouvrait, l'homme et la nature s'alliaient, tout devenait doux, harmonieux, fécond.

« Le voyage avait été long. L'homme pensait avec satisfaction que, bientôt, il bénéficierait de l'hospitalité de son ami. Il s'approcha. Les grosses fermes aux murs épais, aux ouvertures étroites, respiraient le bon pain, le travail, la famille. Pour l'heure, elles étaient assoupies et le soleil de Provence y faisait résonner les moindres bruits. Il mettait en scène les petits animaux en lesquels la vie semblait réfugiée. Sur le village endormi, la nature gazouillait. A cet emplacement, la vallée était large. Pour son unique village, elle s'était faite écrin. De longues et grasses prairies l'ornaient. La moisson était finie. L'or se mélangeait aux verts. Le

brun des sommets se reflétait dans les grosses pierres des maisons. Il montait jusqu'au ciel. Et le ciel restait bleu. Mais le ciel descendait jusqu'à terre, au fond de la vallée, et lui communiquait sa lumière.

« L'homme insista du regard. Là-bas, derrière le clocher, un ensemble plus massif se détachait : la demeure de son ami. Il se savait attendu. Les images lui revenaient en foule : l'orient, ce pays qu'il n'aurait jamais voulu quitter, le pèlerinage armé où leur flamme confondait la soif du Christ et l'ardeur au combat, les fatigues, les dangers, le Sépulcre. Il s'arrêta. L'image était trop forte. La proximité de son ami la lui rendait plus vive encore. Le cœur lui battait. La chaleur du jour le reportait à celle, plus écrasante, de Judée qui avait rendu si sensible à son front la fraîcheur de la pierre du tombeau. Il avait eu l'impression de boire à une source vive. Le monde, pour lui, avait alors basculé. Son histoire s'ordonnait maintenant autour de cette source qui l'avait désaltérée. Elle n'avait cessé de jaillir. Sa vie pourtant, elle aussi, avait basculé : captivité, mauvais traitements, servitude, maladie. Son compagnon était venu le chercher au fond d'une prison. Il l'avait chèrement racheté.

« Partis dans la fierté et l'assurance, ils étaient revenus pauvres et modestes. A Marseille, lui, de noble condition, avait accepté la charité d'un hospice. Lentement, il s'était refait. Il savait désormais que sa vie serait un pèlerinage continuel, vers un tombeau où mourait un inconscient, où jaillissait une vie nouvelle. Il avait roulé sa bosse, pauvre et simple, mangeant

le pain qu'il gagnait, pensant aux autres plus qu'à lui-même. Le souvenir des souffrances de sa captivité le hantait pourtant. C'était une brûlure, sans cesse ravivée à la pensée de ceux pour lesquels le martyre continuait. A la fin, n'y tenant plus, il repartit là-bas, en pauvre pèlerin, courant tous les risques mais infiniment apaisé de pouvoir au moins rencontrer ces malheureux. On finit par le chasser. Porteur d'un blessure ouverte, il montait maintenant retrouver son ami. Lui comprendrait sa souffrance. Quand ils s'étaient séparés, il lui avait fait promettre de venir en Ubaye, dans sa seigneurie. Aujourd'hui il était là, à sa porte, devant plus qu'une ferme, presque un château, avec son enceinte, ses vastes dépendances, le corps principal un peu séparé. Hugues s'avança. Il pénétra dans la cour.

« Eufème, le premier, l'aperçut. Quoiqu'apparenté aux illustres comtes de Catalogne, il ne rechignait pas à mettre la main aux travaux que ses terres nécessitaient. La nature ici était belle mais exigeante, et les travaux rudes. Eufème commandait par l'exemple autant que la parole. Il en était à préparer le travail de la soirée quand il aperçut celui auquel, avec les siens, il portait le plus d'affection. Leur croisade commune avait été marquée par ce jeune chevalier, son ami, noble de sang et d'âme, qui avait su regrouper les énergies et transformer ce qui n'aurait pu être qu'une guerre en une ascension spirituelle. Leur marche vers Jérusalem avait été un dépassement continuel, de courage certes, mais aussi d'abnégation, de solidarité, de foi.

Au tombeau du Christ, Hugues avait sombré dans une crise profonde, reniant ce qu'il avait vécu. Saint Antoine du désert, il avait quitté ses amis et voulu affronter à mains nues, avec la seule force de la parole, les ennemis de la croix. Il avait subi le sort des petits. Maltraité, vendu comme esclave, trois longues années s'étaient écoulées avant que lui, Eufème, ait pu le retrouver au bagne de Sidon et le racheter. Cette cruelle expérience n'avait fait qu'enraciner Hugues dans la découverte de sa source vive, comme il disait, et c'est un ermite qu'ils avaient ramené avec eux en France.

« Ému, Eufème regardait son ami, qui ne l'avait pas encore aperçu. Il portait sa quarantaine, marqué par sa rude expérience et la vie qui avait dû être la sienne depuis leur retour. Ses vêtements étaient frustres. Du jeune seigneur de vingt-cinq ans plus de trace apparente quant à l'allure ou l'attitude, et pourtant Eufème retrouvait bien son ami : cette écoute intense de tout ce qui, de tous ceux qui l'entourent, cette façon d'être sans cesse à l'école, humilité de fond, propre à celui qui apprend. Pas de doute, Hugues était encore en pèlerinage.

« Il l'appela et courut à sa rencontre. Les deux amis tombèrent dans les bras l'un de l'autre avec force exclamations, embrassades, hauts cris et rires. Depuis plus de dix ans qu'ils ne s'étaient pas revus ! Hugues avait appris le mariage de son ami et la naissance de son fils aîné. Eufème avait su le retour d'Hugues en Terre Sainte. Il avait tremblé, jusqu'à ce qu'à Marseille un commerçant de Tyr lui annonce le prochain

voyage de son ami sur un de ses bateaux. Il avait laissé le message de rejoindre Faucon sans tarder. Le soulagement de se savoir en bonne santé, la joie des retrouvailles, les souvenirs à partager et les nouvelles apportèrent à la journée et aux jours suivants une animation inaccoutumée. Hugues découvrit la famille, la demeure, le village, les terres, la vie de son ami. La maintenance du domaine, la gouverne de la seigneurie, absorbaient celui-ci. Hugues lui prêta main forte. Leur mutuelle compréhension lui faisait du bien. Depuis son revirement, Eufème s'était simplement tenu à ses côtés, attentif, essayant de comprendre. Il n'avait pas jugé son choix de déposer les armes, de renoncer au statut de chevalier, de partir nu-pieds témoin de la Croix. Cela lui avait semblé fou mais il s'était tu. Ici encore, à Faucon, Eufème accueillait, écoutait. Hugues sentait venu le moment d'une explication.

« "Mon âme n'est pas en paix". Eufème ne répondit pas. Il faisait beau et frais. C'était un matin de fin d'été. La nature étincelait sous la rosée. Les deux amis réparaient une clôture. Hugues continua d'une voix profonde qui trahissait de temps en temps l'effort qu'imposait le travail. "Les choses étaient évidentes. Je ne voulais, je ne pouvais plus que Lui ressembler. Ma joie ! Quelle liberté ! Je venais libérer le Christ et... c'est moi qui devenais libre !" »

Laissons là les deux amis. Revenons à Jean de Matha et à la réalité de son parcours. Avec lui, découvrons la

Provence. Si elle nous révèle son âme, n'y découvrirons-nous pas un peu celle de notre saint ?

Jules César avait remarqué « la civilisation et la fine courtoisie de la Provence », qu'il opposait à la grossièreté des peuples du nord de la Gaule. Romanisée depuis l'an 122 avant J.-C., cette « Province » (d'où son nom) fut ouverte à tous courants de civilisation. Submergée elle aussi par les invasions barbares, elle redevint plus rapidement que d'autres une région toute de finesse et de vieille culture. On le remarque à deux indices.

Le premier est le développement et l'enracinement d'une structure aristocratique, féodale mais révélatrice d'une maturité politique et sociale avancée. Fusse à travers des conflits incessants, il y avait un partage des responsabilités politiques.

Le deuxième indice est l'épanouissement de la langue et de la culture provençale du XIe au XIVe siècle, véritable prémonition du « rinascimento » florentin. La finesse culturelle du moyen âge semble avoir établi sa demeure dans la littérature des troubadours provençaux. Le provençal fut la langue des troubadours, le plus souvent seigneurs provençaux, plus aristocrates par la culture et la délicatesse des sentiments que la puissance politique.

Tropaires profanes et religieux, poèmes d'amour courtois (avant qu'ils ne se dégradent dans la sensualité), font partie du patrimoine de l'humanité : « L'école du gai-savoir, en Aquitaine, a constitué le premier mouvement littéraire de l'Occident, en lequel de façon toute nouvelle s'est manifestée hautement et de façon complexe la conscience de l'art du bien-dire, véritable point de d'enracinement de la lyrique occidentale[4]. »

Ce lyrisme fut d'abord religieux. Le mouvement poétique se développa quand délicatesse, élégance et tact épousèrent l'amour chrétien. « Servir » devint synonyme d'« aimer ». Ainsi naquit l'amour courtois. L'âme de ce peuple s'y prêtait.

La Provence fut poétique parce que mariale, et réciproquement. La sensibilité provençale rencontrait celle de la Vierge Marie. Dieu Juge de la vie éternelle, le Jugement était, pour l'homme médiéval, la grande affaire. La Vierge Marie, à la fois douce et puissante, apparaissait ce que dira Claudel : « le signe de la tendresse maternelle de Dieu ». Douce, elle accueillait le pécheur ; puissante, elle venait à son secours. Elle était le recours au moment suprême, « Toute-Puissance suppliante », ainsi que l'appelait Bernard. Le XIIe siècle, marial au plus profond de lui-même, a été l'époque du *Salve Regina* diffusé dans toute l'Europe par les pèlerins de Saint-Jacques-de-Compostelle, et de l'*Ave Maria.* Ainsi, la poésie provençale s'épanouit d'abord en des tropaires liturgiques laissant déborder le trop-plein d'affection et de confiance en Marie :

> *« Seigneur – source de toute bonté – aie pitié,*
> *Toi seul es saint – toi qui sanctifies Marie –,*
> *Toi seul es seigneur – toi qui conduis Marie –,*
> *Toi seul es le très haut – toi qui couronnes Marie –,*
> *etc. »*

---

[4] PRIMITIVO ZABALETA, *San Juan de Mata,* p. 96.

L'histoire de la Provence fut celle de son âme : ouverte, sensible, humaniste, respectueuse et fine. Comme l'amour courtois. Bien différente de celle de l'expansionnisme capétien, dur et imposant, auquel politiquement elle ne résista pas longtemps. Âme indépendante aussi, dispersée, trop dispersée, risquant la légèreté. Ce qui également, plus que les circonstances, explique sa décadence.

Jean naquit, grandit dans cette atmosphère, suffisamment proche du peuple pour en partager les élans, suffisamment libre pour faire partie de « l'aile marchante » de la société. Sans doute fut-il dans une large mesure ce que son peuple était. Comme sa Provence, ouvert sur le monde, il monta à Paris. L'âme, là-bas, y était semblable à la nature : belle, riche, féconde, tout autant que profonde et comme intérieure, recueillie. Ils s'influencèrent mutuellement. Jean y acquis la « secondarité » qui manquait peut-être à sa culture. Encore que…

La profondeur est souvent liée à l'expérience de la souffrance. Terre de passage, la Provence avait plusieurs fois été douloureusement agressée. Au temps de Jean de Matha, c'étaient les incursions des « Maures de la Côte » qui traumatisaient ses contemporains. Deux fois, en 1162 et en 1198, la ville de Toulon avait été mise à sac. L'effet psychologique d'un tremblement de terre n'aurait pas été pire. Combien de captifs ainsi emmenés au loin ?

A l'inverse, les grandes villes comme Marseille présentaient le spectacle des marchés d'esclaves, de toutes origines. Les cités maritimes de l'Occident pratiquaient ce trafic à grande échelle, au moins depuis le IXe siècle, et ce au mépris des prescriptions de l'Église et des anathèmes des papes. La conscience chrétienne prohibait le trafic humain (1 Tm 1,10) mais, l'esclavage étant une structure économique de l'antiquité – sa principale source d'énergie – et un corollaire inévitable de la guerre, l'Ancien Testament de même que le Nouveau prennent acte du fait. L'important pour le christianisme, c'est la foi, l'espérance et la charité. Un état juridique n'empêchait pas de considérer que « tous, nous sommes baptisés dans un même esprit pour former un même corps, juifs ou païens, esclaves ou hommes libres » (1 Co 12,13). Le pape Calixte I portait sur le front la marque de l'esclave fugitif.

Mais, dans les nations chrétiennes, l'esclavage des baptisés était interdit comme incompatible avec la liberté des enfants de Dieu. Encore fallait-il être baptisé avant la capture et n'être pas schismatique (slave ou chrétien oriental). On considérait que les autres hommes, n'ayant pas encore pleinement retrouvé leur dignité et leur liberté dans le Christ, pouvaient être éventuellement esclaves.

De multiples interventions, conciliaires notamment, dans tous les pays et à toutes les époques, allèrent toujours dans le sens de la limitation. On regrette que ce décret du Concile de Londres, en 1102, n'ait pas eu force de loi dans toute la chrétienté : « Que personne désormais ne se permette de pratiquer sous quelque forme que ce soit l'abominable commerce que l'on a l'habitude de voir en Angleterre et qui consiste à vendre des hommes, comme s'il s'agissait de bestiaux. »

Jean a sûrement, dans son enfance, été confronté à ces terribles réalités qui blessaient cruellement la société de son temps, particulièrement en Provence. La pédagogie divine éveille doucement une âme à sa vocation. Elle a dû lui ménager des rencontres, des expériences, préparant l'irruption de la grâce dans sa vie, le jour de sa première messe.

La formation

Toute expérience humaine est formatrice. Mais la nécessité d'organiser la mise en commun de la réflexion, de l'information et de la transmission du savoir s'impose d'elle-même.

L'acquis culturel de l'Antiquité fut un temps perdu en Occident, du Ve au VIIe siècle, les grandes invasions ayant complètement désorganisé la société romaine. Il trouva en fait refuge dans les monastères, qui le gardèrent en quelque sorte en dépôt. Saint Benoît avait en effet prescrit : *Ora et labora,* travail de la terre certes – et qui compta beaucoup dans le progrès de la société – mais aussi travail de l'esprit, étude. Les évêques, de leur côté, stimulèrent la création des écoles paroissiales.

Avec la renaissance carolingienne, un réseau de formation important se remit en place, les écoles paroissiales assurant la formation élémentaire, religieuse aussi bien que culturelle ; les écoles des monastères et des cathédrales subvenant à ce qui correspond un peu à notre enseignement secondaire : grammaire, expression, logique, arithmétique, géométrie, musique, astronomie. Enfin, dans certains centres (Paris, Bologne, Salamanque), se constituèrent des « Études générales », ainsi appelées parce qu'ouvertes aux enseignants et étudiants de toute origine et que leur cycle, long de 14 ans, aboutissait à la *licentia ubique docendi.* On dira plus tard : « Université », d'un mot latin qui signifie « association ».

Le XIIe et le XIIIe siècle connurent une fringale de savoir, une explosion culturelle. Tout le monde voulait étudier et l'on vit partout se développer des écoles. On a pu compter plus de 70 écoles monastiques, en France, au début du XIIe siècle. De tous les centres de formation, Paris tint une place à part, considérée comme la troisième puissance de la chrétienté, après le pape et l'Empereur, car tous les problèmes cruciaux du moment, politiques ou théologiques, y étaient abordés et ses réponses pesaient d'un grand poids auprès du pape ou des rois. Les grands noms de la théologie s'y sont succédé : Abélard, Pierre Lombard, Hugues et Richard de Saint-Victor, Thomas d'Aquin, Bonaventure.

De tout cela, Jean de Matha profita pleinement. On le sait par le récit anonyme du XIIIe siècle selon lequel il était, au temps de Prévostin et sous sa responsabilité, *magister in theologia.* Avant 1194 donc, année où Prévostin a quitté Paris pour Magonza. Il avait au moins trente-cinq ans, conformément à la règle alors en vigueur, et suivit les six années d'Arts et les huit de théologie. S'il a enseigné quelques années avant la fondation de l'Ordre, il est donc arrivé à Paris vers 1175, à l'âge étudiant. Il faut, qu'avant cela, il ait suivi le parcours alors coutumier des enfants de famille noble de son temps : école paroissiale sur place, puis cathédralice.

Ce n'est que supposition logique, le récit anonyme

se contentant de dire : « *Depuis le premier âge, il avait le ferme propos d'embrasser quelque "religion"* (Ordre religieux). »

Des auteurs du XVIIIe siècle affirment qu'il a étudié à Aix. Capitale de la Provence, au passé millénaire de culture latine, expression authentique de l'âme provençale, centre florissant dès le XIe siècle de poésie et de musique, alors à son apogée, Aix a-t-elle vu Jean de Matha à sa sortie de l'école cathédralice, avant sa montée à Paris ? A-t-elle été le lieu propice où il put mûrir humainement et culturellement ? A Paris, il dut arriver vers l'âge de vingt ans. Il suivit probablement les cours de l'école monastique rattachée à l'abbaye de Saint-Victor. Fondée par Guillaume de Champeaux au début du XIIe siècle, cette abbaye fut un centre renommé de culture et de sainteté. Sa vie spirituelle, axée sur la liturgie, brilla particulièrement au temps où la fréquentait Jean de Matha, grâce à l'abbé Adan, poète et mystique. Sa théologie atteignit des sommets avec de grands théologiens, Hugues et Richard de Saint-Victor.

Pour eux, la rencontre de Dieu est intuitive : Dieu se montre, ne se démontre pas ; Dieu se donne à recevoir, pas à analyser ; Dieu se « com-prend », du latin « cum » – « prendere », « prendre avec » ou « prendre ensemble », en un mot partager. La Trinité se donne et se reçoit à travers les symboles, d'un coup. Le symbole n'est pas analytique, discursif. Il parle directement, au fond de l'être. Il est simplement à recevoir. Tout, dans la vie, est symbole. Tout est parole symbolisée de Dieu. Et les sacrements participent de ce jeu symbolique : Dieu se donne réellement, dans un signe humain, tout en demeurant insaisissable. Aussi n'est-Il pas objet de spéculation et l'étude est une méditation spirituelle, une rencontre. Dans la bibliothèque, le moine n'a pas vraiment quitté la chapelle, il y demeure toujours dans l'acte de contemplation, de liturgie. Le monde n'est fait que pour rencontrer Dieu et rien ne compte que cette rencontre. La théologie n'en est qu'un moyen, au même titre d'ailleurs que la vie communautaire. Tels étaient les accents de la théologie à Paris, au temps où Jean de Matha s'y trouvait. De plus, l'abbaye de Saint-Victor, constituée de chanoines réguliers, suivait la règle de saint Augustin [5] et la spiritualité définie par ce grand saint : la charité prime tout, dans sa double dimension, verticale et horizontale, envers Dieu et envers le prochain. La psalmodie, l'oraison, l'étude des textes sacrés, le travail sont seconds, au service de la charité.

C'est dans cette atmosphère extrêmement bénéfique que notre saint construisit sa personnalité spirituelle. Une question le travaillait peut-être : la communion fraternelle, la contemplation, la liturgie sont-elles les premiers lieux de la rencontre de Dieu ? La charité ne se vit-elle pas d'abord dans l'écoute et l'accueil des urgences, des cris qui nous viennent du dehors ? « La charité du Christ nous presse », disait Paul (2 Co 5,14). Est-ce dans

---

[5] On distingue les moines (qui vivent selon la règle de saint Benoît, datant du Ve siècle) des chanoines (qui vivent selon la règle de saint Augustin, datant du IVe siècle). « Moine » vient du grec *monos* (seul) car, au début, le moine était un ermite. « Chanoine » vient du grec *canon* (règle) car il s'agit de suivre une règle de vie.

ces sentiments et avec cette question que, l'Esprit labourant et construisant en profondeur, il parcourut ces longues quatorze années où, dans la philosophie et la théologie, guidé par les maîtres les plus compétents de son temps, il approfondit sa recherche, celle de son enfance ? *« Homme craignant Dieu et le servant nuit et jour, il avait dès son premier âge le ferme propos de consacrer sa vie à Dieu, mais il ne voyait pas distinctement comment »,* nous rapporte le récit anonyme.

Ses compagnons ne partageaient pas toujours cette inquiétude. La vie, à cette époque, était difficile aux étudiants qui « luttaient contre la faim, le froid, le dénuement..., soutenus seulement par l'espoir de parvenir à la science, d'en avoir le cœur illuminé et de recevoir la récompense éternelle », racontent les spécialistes de cette époque. Pour les aider, on fonda les fameux collèges (dont, en 1253, celui de Robert de Sorbon qui allait donner son nom à toute l'Université). On voulut également, de cette manière, discipliner un peu leur vie. Ces nombreux jeunes, loin de leur milieu d'origine, batailleurs, livrés à eux-mêmes, étaient souvent source de graves problèmes : « Que dirais-je de ces étudiants, tonnait Prévostin, qui agressent les femmes sans défense... ; qui ne s'intéressent qu'au savoir, ce qui est curiosité ; qu'à dominer les autres, ce qui est vanité ; qu'à vendre leur science, ce qui est simonie ; parfois même, et c'est le pire, qui n'étudient que pour conquérir des postes élevés et honorifiques ? » (*La Vie et les œuvres de Prévostin*, G. Lacombe, 1927).

On comprend alors cette remarque de l'Anonyme : *« Parce qu'il était tout donné au service continuel de Dieu, il eut à souffrir l'opprobre de ses compagnons.* » Il peina donc sur le chemin, empruntant la porte étroite (Mt 7,13), persévérant longuement.

La difficulté le fit avancer : *« Cherchant comment à la fois continuer à servir Dieu et vivre en paix avec ses compagnons, il se proposa d'être ordonné prêtre et s'y résolut.* » N'est-ce pas l'attitude d'un homme de paix, qui au cœur de la souffrance, trouve une solution ? « Il s'y résolut » mais cela lui coûtait. Voilà tant d'années qu'il cherchait sans réponse et maintenant, lui, « Maître Jean », pour le bien de la paix, il allait se fixer ! Quelle angoisse peut-être ! Ordonné, il serait *ipso facto* rattaché à un diocèse ou à une « religion ». Était-ce là cependant que Dieu le voulait ? Il se savait aimé, connu et personnellement appelé. Mais où ? Le ciel se taisait.

Jean, au cœur de la nuit, au cœur de la foi, ne douta pas que le ciel silencieux l'aimât : *« Avec force afflictions, il ne cessa pas de demander au Seigneur de lui montrer où il le voulait. »*

Chapitre 2

LA VOCATION

L'homme craignait Dieu et le servait jour et nuit. Il avait depuis l'enfance l'intention arrêtée de lui consacrer sa vie mais il ne savait ni où ni comment. Il ne voyait pas ce que Dieu attendait de lui. Ce n'était pas faute d'avoir cherché et peiné. Il avait même entrepris de longues études pour connaître la volonté divine, au point qu'il pouvait maintenant servir de guide à d'autres. Et il ne savait toujours pas lui-même où il devait aller ! Sa vie allait-elle être stérile ? Cette situation instable était devenue intenable. On le pressait de se déterminer. Et lui, dans les cris et les larmes, suppliait Dieu de se révéler.

Il avait été ordonné prêtre et, le jour de sa première messe arrivé, *« les autorités parisiennes l'entouraient. Au moment décisif, celui de célébrer le Sacrement, ne sachant toujours pas où se tourner, il invoqua le Seigneur les yeux levés au ciel, lui demandant s'il voulait bien lui indiquer l'Ordre dans lequel il devrait rentrer, pour son salut*[6] *»*. C'était l'heure !

---

[6] ANONYME, *Hoc fuit initium*, Bib. Nat. de Paris, code ms. lat. 9753,

Celle de l'irruption de la grâce. Non qu'elle le prit à contre-pied ou l'arracha à une vie passée, comme chez saint Paul ou saint Augustin. Mais elle fut tellement nouvelle ! Elle lui ouvrit un monde.

La vie de Jean allait basculer.

Le Signe

« Il vit la Majesté de Dieu et Dieu tenant en ses mains deux hommes qui avaient des chaînes aux pieds. L'un était noir et tout déformé. L'autre était livide et pâle. »

C'est la rencontre décisive. Elle sera partout présente maintenant chez Jean de Matha. On la rencontrera dans sa règle de vie, dans sa signature, sur le tympan de sa maison principale, à Rome, où les pauvres, les malades, les malheureux furent ses hôtes. On la rencontrera surtout dans sa propre vie : c'est lui qui, désormais, prendra en main les captifs et leurs chaînes. Il avait compris.

Il y a un témoin précis de la scène, une mosaïque composée en 1210, du vivant du saint et à sa demande[7]. Elle couronne l'entrée principale de la maison que le pape lui avait donnée à Rome et dont il avait fait le centre de l'Ordre. Comme beaucoup de ses maisons, il

---

fol. 10 v°. Document du XIIIe siècle provenant du couvent trinitaire de « La Perrine », en Normandie. On dispose d'une copie tardive du début du XVe siècle. Au long de ces pages, elle guide notre découverte de la vocation de Jean de Matha.

[7] G. CIPOLLONE, *Il Mosaico di S. Tommaso in Formis a Roma (ca. 1210), contributo di iconografia e iconologia,* Rome 1984.

l'avait transformée en « hôpital », c'est-à-dire en « maison d'hôtes », famille pour ceux qui n'en ont plus, maison où Dieu est accueilli : « Ce que vous avez fait au plus petit d'entre mes frères, c'est à moi que vous l'avez fait » (Mt 25,40). Bien vite, l'hôpital fut un lieu de soins car sans famille l'homme tombe malade. Et la façon de soigner consistait à rendre une famille, où l'on nourrit et réchauffe, et lave aussi ce qui est sale. Les pauvres, Jean de Matha les accueillait en son sein, au sein de l'amour trinitaire, on le verra. Ses frères et lui les nourrissaient, les chauffaient. Dans leur corps et leur cœur, dans leur vie spirituelle aussi. Tel était le remède. Ils guérissaient.

C'était à Saint-Thomas-in-Formis, premier couvent des Trinitaires à Rome, fondé en 1207 non loin de Saint-Jean-de-Latran. On peut le visiter encore. La mosaïque qui représente la vision de Jean de Matha est toujours en place, au-dessus d'un portail de six mètres de haut et presque autant de large, au centre d'un petit monument adossé au mur, un arc en plein cintre qui lui sert d'écrin, minuscule chapelle de 60 cm de profondeur. Le témoin est un médaillon circulaire de près de deux mètres de diamètre. Sa couleur dominante est l'or. On y voit le Christ en majesté, sur un trône. Il occupe le centre et toute la hauteur de la mosaïque. Bien qu'assis, il n'est pas statique : un élan traverse la scène et le Christ a l'initiative. On dirait qu'il a commencé de se lever, un peu à la façon des anges de Roublev, et il saisit par la main avec force et autorité deux autres personnages, deux fois plus petits, se trouvant légèrement en arrière, l'un à sa droite, l'autre à sa gauche. Ce sont deux hommes debout, vêtus seulement d'un pagne – Adam dans sa misère selon Gn 3,21 – et nu-pieds c'est-à-dire déchus et serviles (puisque les hommes libres allaient chaussés). Celui de droite est blanc et l'autre noir. On dirait des frères : tous deux semblent également dépendants, faibles, totalement relatifs au Christ. Ils sont de la même taille. Un homme de l'Antiquité ou du moyen âge les reconnaîtrait immédiatement : ce sont des esclaves. Et le Christ manifeste sur eux sa puissance. Son visage, plus que tout, exprime qu'il est Seigneur. Un large nimbe, marqué de la Croix, en renforce la majesté. A le considérer, on pense à Celui dont parle saint Jean dans l'Apocalypse (1,13), « semblable à un fils d'homme » : la barbe et le cheveu abondants ; des grands yeux ouverts qui, davantage encore que les mains et les pieds, dynamisent la scène et saisissent le monde. La relation du Rédempteur est identique à chacun des captifs : la même présence, la même force, la même attention, les deux bras également en croix, également étendus. A peine pourrait-on dire que celui de droite est l'aîné mais les deux font l'objet du même amour, de la même libération. Ce qui change, en revanche, c'est l'attitude ou l'état des captifs. Celui de droite semble s'abandonner, il n'offre pas de résistance. On le voit à sa main pendante, comme soumise, le Christ lui tenant l'avant-bras. Celui de gauche au contraire semble se débattre, son bras gauche dans la main du Christ, sa main levée, comme raidie. Il regarde cette main et paraît protester. Il tient dans sa main droite l'extrémité d'un lien dont l'autre extrémité est fixée aux fers qui enserrent ses pieds. Il semble rivé sur place. L'esclave blanc lui, de sa main pendante, a laissé tomber son lien qui gît, serpentant, de ses pieds jusqu'à ceux du Christ. Il a encore les fers aux pieds mais ils sont brisés. Sa figure est belle, jeune et douce. Il sourit. Les yeux grands ouverts, il regarde, attentif, ce que fait le Christ. Du fond de ses chaînes, il amorce un pas. Un pas timide, petit, que les fers gênent encore. Il est sans force : sa main pendante indique sa faiblesse autant que son abandon et son obéissance. C'est le Christ qui le soutient, le soulève presque et le tire en avant, sans peine, lui communiquant même si bien sa force qu'il peut, de sa main gauche, brandir une croix, plus exactement une hampe surmontée d'une croix, comme dans les processions. La croix est pâtée et bicolore : le montant vertical est rouge et l'horizontal bleu.

L'évocation est magnifique. Le fond doré, le Christ Pantocrator, la couleur rouge de sa tunique (indiquant sa nature divine) et bleue de son manteau (exprimant qu'il a revêtu la nature humaine), la différence de taille des personnages et divers autres détails le montrent clairement aux spécialistes : il s'agit d'une icône.

Selon la théologie orientale, l'icône accomplit presque la présence de ce qu'elle « re-présente ». Ici, elle va même jusqu'à être circulaire, comme pour évoquer l'Eucharistie et faire penser à l'hostie que frère Jean a élevée en même temps que sa fervente prière, à sa première messe. Pas de doute ! Un peu à la façon d'un sacrement – reconnaissons ici la sensibilité théologique des Victorins – cette icône veut donner ce qu'elle signifie. C'est le mystère communiqué que l'on a voulu « présenter », rendre présent dans sa grâce.

Il est celui de la libération qu'opère le Ressuscité, Seigneur de Pâques, tirant par la main Adam enchaîné.

Trois dynamiques traversent la scène : ce qui est perçu du personnage central ; ce qui est perçu de la relation des trois personnages ; l'éclairage mutuel de ces deux tableaux. L'ensemble révèle le mystère.

La mosaïque a une profondeur, exprimée notamment par la position en retrait des deux captifs. Nous sommes comme devant une scène. L'espace ici est donc une sphère. La sphère, symboliquement, désigne le divin : absolument achevée ; sans angle, c'est-à-dire sans rupture ; émanant toute d'un principe, le centre, et lui étant égal. Quant à l'or, il exprime l'excellence et l'éternité.

A celui qui voit, le personnage central révèle la Gloire. Il remplit de sa présence le médaillon, sphère d'or qui désigne la terre et le ciel, la terre signe du ciel, tous deux temples de Dieu. On est en présence de ce qu'Isaïe chantait : « Saint, Saint le Seigneur des Puissances, ciel et terre sont remplis de la Gloire » (Is 6,3), le Trisagion. Or la Gloire – le terme hébreu « qabod » évoque une forte densité – c'est la divinité qui se donne à voir en son être intime, Vie éclatante, pleine, éternelle : « la Vie s'est manifestée, nous l'avons vue » (1 Jn 1,2). Elle rayonne de la vision. Plus encore, de cette Gloire le personnage central communique la Vérité. Sa personne en dévoile le dynamisme relationnel, trinitaire, quand résonne au cœur du voyant (du croyant) la parole de l'Évangile : « Dieu personne ne l'a jamais vu. Le Fils Unique de Dieu, Lui qui est dans le sein du Père, Lui nous l'a fait connaître. Qui m'a vu a vu le Père. Je suis dans le Père et le Père est en moi. » (Jn 1,18 ; 14,9 ; 14,11). En elle, c'est le Père et l'Esprit et la relation des Trois qui se manifestent à la foi. Personne relationnée en même temps qu'unique, elle évoque le Mystère de la Sainte Trinité. Ce faisant, elle en communique l'accessibilité : si les Trois se dévoilent à travers une personne, c'est que celle-ci est le Chemin à suivre. « Le Chemin, la Vérité, la Vie » (Jn 14,6) : le Verbe dans la Gloire du Père resplendit aux yeux de Jean.

Par ailleurs, les trois personnages en relation lui révèlent le Christ des Évangiles, Oint vainqueur de l'esclavage, « discerné avant la fondation du monde, manifesté » (1 P 1,20) et « envoyé annoncer aux captifs la délivrance » (Lc 4,18), annonce qui se dit – signe de divinité – dans un accomplissement : celui qui a « planté sa tente parmi nous » (Jn 1,14) par la main saisit[8] le symbole du péché et de la mort, l'esclavage. Il libère, les bras en croix, semblant proclamer qu'il a « supprimé le billet de notre dette » (Col 2,14), que les captifs sont « rachetés par le sang précieux » (1 P 1,18-19). Il est « Dieu-Sauve ».

Ces deux tableaux s'éclairent mutuellement. Le personnage du Verbe, considéré en lui-même, fait voir le Christ de l'Évangile comme « le Fils de l'homme », avec la portée si solennelle que Jésus donnait à cette expression. En retour le visage du Verbe au sein de la Trinité

---

[8] Symbole du lien d'alliance, du soutien. Lien familial, comme celui des époux qui unissent leurs mains, des amis qui se les donnent.

prend un contour précis à la lumière que projette sur lui le « Christ-aux-captifs » : il est Celui qui accomplit et en lequel Dieu est rencontré.

Chacune de ces trois dynamiques est un courant entre deux pôles : la manifestation et celui à qui elle s'adresse, invisible mais présent, partie prenante de la scène. Jean est dans la sphère d'or. Il doit tenir son rôle pour que se déroule la vision. Extérieur à elle, il ne la percevrait pas. Or, le baptisé « re-connaît » cette histoire à laquelle, par la foi, il est greffé. Elle est son histoire. Elle l'habite, histoire Sainte du Fils en gloire après la victoire de la Croix, assis à la droite du Père, ses ennemis – masse sombre – sous ses pieds, emmenant des captifs (Ep 4,8). Par la foi, le signe parle, devient symbole : Jean reconnaît sa propre histoire et, pour cela, la voit.

La communication du mystère qui lui est faite est du même coup celle de la place qu'il y tient. Révéler est synonyme d'associer : « Je ne vous appelle plus serviteurs car le serviteur ignore ce que fait son maître. Je vous appelle amis » (Jn 15,15). Révéler, c'est rendre fils, puisque seul au fils on peut tout communiquer : « Tout ce que j'ai appris de mon Père, je vous l'ai fait connaître » (Jn 15,15). Il ne s'agit pas d'abord d'un contenu mais d'une relation, qui devient message. A voir la grâce du Christ, Jean se sent plongé en elle, et de façon vitale. Une triple révélation en une est donc faite ici : le mystère est vie, la communion au mystère vitale, ainsi que le moyen de cette communion, la foi, capacité de relation, puissance transformante du signe en symbole, c'est-à-dire communication, parole vivante, présence.

Le signe fut à Jean comme une parole pendant qu'il le contemplait. *« Il s'attardait. Ceux qui l'entouraient se demandaient ce qui se passait. »* Il avait tout compris, tout reçu, d'un coup. Sa vie durant, il vécut de ce signe et en déploya le contenu.

Il comprit d'abord l'importance de la foi. Il savait bien sûr que la communion divine était vitale mais ce jour-là, frappé dans ses profondeurs plus que dans son intelligence, il recevait de plein fouet, comme expérimentalement, la conscience que tout véritablement pour l'homme se joue dans sa présence au Mystère et sa capacité à l'être, la foi.

Comme en écho, une deuxième onde résonna profondément : le mystère divin auquel il était associé se communiquait à lui pleinement mais par médiation. Le personnage central renvoyait à un mystère relationnel, trinitaire, qui s'incarnait en quelque sorte dans des relations humaines, d'alliance, de soutien, de rédemption. C'est là qu'il se donnait à rencontrer. Le fait que la Trinité ait révélé sa présence par le seul Christ indiquait un chemin : c'est par l'autre que Jean devait aller à Dieu et, de l'autre, relever son regard vers l'origine, la Sainte Trinité. Aller à la source non pas directement mais par la médiation des réalités humaines ! « Dieu, personne ne l'a jamais contemplé. Si nous nous aimons les uns les autres, Dieu demeure en nous, en nous son amour est accompli » (1 Jn 4, 12). C'est l'Incarnation et la Rédemption qui révélaient à Jean la Trinité. Contemplatif, il le sera de la communion au frère, de l'acte de sa rédemption. C'est là qu'il rencontrera Dieu et le regardera. Lire en l'homme – captif – les signes du Christ, en reconnaître le visage et, scrutant toujours plus, percevoir celui du « Fils unique qui est dans le sein du Père et l'a fait connaître » (Jn 1,18) : tel était le chemin indiqué. La maison de la Sainte Trinité devait être une maison de rédempteurs, car c'est par la charité vivante que l'on rencontre Dieu.

Une prière l'exprime, qui fait parler Jean de Matha : « Frère Jean, que t'a-t-il dit de Lui quand Il t'a saisi dans son Eucharistie ? Il m'a dit : Le pain que je vous donne, c'est ma chair. Mais ces mains qui se tendent…, ces vies…, c'est ma chair aussi. La prière que je vous donne, c'est ce cri de désir, cette voix sur la croix… Mais ces blessés de la vie…, c'est ma prière aussi ».

Une troisième ligne de force se dégagea pour lui. Rencontrer Dieu, c'est entrer dans sa vie. En appelant, Dieu donne part à lui-même, puisqu'il n'est de communication que de partage. La parole communiquée à Jean devint sa parole personnelle. Elle l'habita. Il y habita. En parlant à Jean, la Trinité lui communiquait sa maison. Pour celui-ci, répondre consisterait à demeurer dans cette vie divine communiquée (Jn 15,4). C'est en étant dans la Gloire – vie intime de Dieu – que Jean accomplirait sa vocation. Il lui fallait être présent au Mystère, demeurer en Dieu, dans la sphère d'or, Gloire céleste. C'est là, dans cette Gloire, qu'il devait se tenir pour que soit toujours actuelle, vivante, la scène à laquelle il participait, sa vocation. Dans la mesure où il communierait à l'intimité divine, il comprendrait ce qui manque à ceux qui en sont privés et naîtrait en lui une force inépuisable qui le pousserait à porter secours. De passif, il deviendrait actif. Un cri jaillirait de lui : « Gloire à toi, Trinité ! Aux captifs, liberté[9] ! », non pas simple cri mais acte de vie, tout homme se remettant debout pour entrer à son tour par la foi dans la scène du rachat et vivre, puisque « la vie de l'homme, c'est de voir Dieu » (saint Irénée). Jean serait un grain d'encens, louange de gloire par le don de soi à la manifestation de l'œuvre divine, la libération des captifs.

Au cœur de l'Eucharistie, il reçut sa vocation. La vision fut une célébration eucharistique en laquelle lui fut donné la révélation, l'appel et le don de sa vie véritable, préparée pour lui et qu'il devait revêtir à la première personne. Tout y fut dit : la foi, la médiation, la Gloire. Les trois éléments qui devaient structurer sa vie spirituelle et en lesquels consisterait l'accomplissement de sa mission étaient là, saisis d'un coup. Que Jean, par la foi, prît telles qu'elles étaient et offrît les réalités humaines qui lui étaient données, y compris avec leur densité de mort, purifiées seulement du dynamisme du péché par le repentir ; qu'il accueillît la Parole prononcée sur elles : se réaliserait alors cette présence de Gloire transformante, flot d'amour en lequel tout est régénéré (Ez 47,9), feu qui brise les chaînes (Is 61), ainsi qu'il le vit. Entrer dans ce flot, dans ce feu – le rouge et le bleu – et tout y faire entrer : telle était sa vocation, préparée pour lui et donnée dans l'Eucharistie, qu'il devait faire sienne, véritable Adoration et Rédemption à la fois, fin mot de sa vocation.

---

[9] Devise de l'Ordre trinitaire.

Ainsi parlait la mosaïque. Continuant à contempler le signe, Jean vit le pauvre captif dans la main du Christ, ses chaînes brisées, sa faiblesse et son abandon, la vie et le sourire retrouvés de son regard, l'amorce de son pas. Il vit aussi la croix. Il comprit.

La charité était à l'œuvre, ferme, forte, constante. Le visage du Christ ne traduisait aucun effort. Il ne lâcherait pas. Déjà les chaînes étaient tombées. Le lien gisait, tel le serpent mortel des origines, par terre. Il allait jusqu'au trône, où il était foulé aux pieds : « Sa descendance t'écrasera la tête » (Gn 3,15). L'esclavage avait pris fin, le frère n'était plus enfermé dans sa captivité. Il pouvait sortir, partir. Il commençait à marcher mais traînait encore sa captivité. Il était faible. Il était soumis. Soumis parce que faible ? Plutôt faible parce que soumis, ne puisant plus l'énergie de sa révolte. Il fallait donc le soutenir pendant le temps que durerait sa libération totale, pendant sa marche jusqu'au Royaume. La marche au désert devait achever la libération d'Égypte. Le Christ, après avoir fait éclater la captivité, continuait son œuvre de miséricorde. Quant au libéré, il portait haut la croix. C'est elle qui avait brisé les chaînes. Elle laissait couler le sang et l'eau, rouge et bleue comme la charité rédemptrice du cœur du Christ : « Un soldat, d'un coup de lance, lui transperça le côté : il en sortit du sang et de l'eau. Celui qui a vu rend témoignage et son témoignage est vrai » (Jn 19,34). Rouge et bleue aussi comme les vêtements, de la divinité et de l'humanité réunies en une personne, communion trinitaire jusqu'à nous communiquée. La croix était remise. Le Christ en avait fait l'instrument du salut, de la liberté, et désormais elle était entièrement à l'usage du captif libéré, remède, source de vie, pouvoir, aussi abondants que nécessaire, pour lui... et les autres. A volonté maintenant, il pourrait être son propre libérateur, par le Christ, et le libérateur des frères. Le don de la croix était permanent. Et l'enfant la tenait, comme un trophée. Sa joie rayonnait. Le Christ cependant continuait à le soutenir : « Ne crains pas Israël, faible vermisseau, je viens à ton aide, moi ton Sauveur, le Saint d'Israël » (Is 41,14) car « d'Égypte, j'ai appelé mon fils, je lui apprends à marcher, le soutenant de mes bras, par des liens de tendresse, comme un nourrisson qu'on soulève tout contre sa joue » (Os 11,1).

Celui-ci était « pâle et livide » c'est-à-dire faible et chétif. Mais l'autre ? Plus massif mais « noir et tout déformé », crispé dans sa révolte, noir d'amertume, il crie. On croit deviner ses lèvres entrouvertes et un œil furieux. Le Christ n'a pu le prendre que par le bras gauche. Par le droit, il tient lui-même son lien. A s'acharner dessus, il en est venu à être son propre gardien. Et ses fers sont solidement serrés. Il est immobilisé. Mais il est, exactement comme son frère, dans la main du Christ qui le tient avec le même calme, la même force, la même constance. Plus encore : celui qui abandonne les quatre-vingt-dix-neuf brebis bien portantes tourne son regard du côté de ce « tout noir tout déformé » comme pour indiquer à Jean son souci prioritaire. Celui-là est encore dans les fers de l'esclavage : il ne peut absolument pas commencer à marcher vers l'amour. Il est tout noirci par le feu infernal, déformé par la haine. Ou encore païen, étranger à l'Europe, à la « Christianitas » : dans le noir de l'ignorance, lié par le péché originel, il n'a pas reçu la lumière et la délivrance de l'Évangile. De lui parle en premier le récit du XIIIe siècle.

A-t-on un texte de Jean de Matha relatant ou commentant cette révélation ? La règle de vie qui en découlera, certes, mais plus proche, plus relative à la vision elle-même, ce commentaire de notre saint, inscrit tout autour de la mosaïque : « Signum Ordinis Sanctae Trinitatis et Captivorum [10] ». Telle lui parut la vision : un signe du ciel et la réunion dans une même destinée de la Trinité et des Captifs.

La réponse

Ce signe n'était pas de l'ordre de la modernité, émergence sans cesse renouvelée de l'histoire en marche, mais de l'ordre de l'éternité, celle du monde nouveau, surgi du huitième jour, premier de la nouvelle création. Il montrait ce qui, désormais, est. De fait, il accompagna Jean, tel quel : toutes ses entreprises furent des réponses à cette Parole qu'un jour il entendit, puisque aussi bien ce signe lui parlait. Le signe restait constant, comme on le voit dans les sceaux avec lesquels il signait ses documents et qui reproduisent tous, toujours, la scène de la mosaïque. La réponse, elle, varia, s'inscrivant dans la modernité de l'histoire.

L'intuition était vive, l'application fut rapide. « Hoc fuit initium » raconte que, tout de suite, il y eut un colloque

---

[10] « Signe de l'Ordre de la Sainte Trinité et des Captifs ».

entre Jean et ceux qui avaient assisté à sa messe, très particulièrement les autorités religieuses : l'évêque, l'abbé de Saint-Victor et son maître Prévostin. L'évêché, les monastères et les dirigeants de l'université naissante étaient alors les trois pôles de la vie ecclésiale parisienne. Au cœur de l'Église, Jean reçut son appel et en son sein, dès le premier instant, il commença à y répondre.

Il y eut d'abord une phase de discernement. Ne s'était-il pas illusionné ? Les autorités confirmèrent. Le récit précise : *« L'Évêque, l'Abbé et Maître Prévostin levèrent les yeux et ils virent semblablement. »* Alors, les premiers, ils soutinrent Jean, étourdi, comme l'avaient été en leur temps Isaïe, Ézéchiel ou Marie, tant forte est la Révélation : *« Ils le réveillèrent »* de son extase et *« il se dépêcha de poursuivre. »* La suite fait penser à la Visitation. Les autorités, devant la vision, *« glorifiaient le Seigneur »*, comme Élisabeth. Puis, *« la messe célébrée, ils l'interrogèrent sur ce qu'il avait vu et il le leur proclama en louant le Seigneur, tandis qu'eux-mêmes témoignaient de la vision. »* Alors, tels les bergers à la Nativité (Lc 2,17), *« ils parlèrent ensemble de ce qu'ils avaient vu »*. Ce fut le moment du conseil : en des projets et des mots humains, la grâce de Dieu fut exprimée. C'était le début de la réponse. On cherchait une totale correspondance avec le don divin : « Que tout se passe en moi selon ta parole » (Lc 1,38). On détermina une règle de vie contenant tout ce qu'il fallait : on suivrait ainsi l'appel reçu. Le tout se fit dans la sagesse et le cœur maternel de l'Église : c'est l'évêque de Paris et l'abbé de Saint-Victor qui, ensemble, établirent la nouvelle institution. On sentit, à la réflexion, le besoin d'avoir la confirmation de l'évêque de Rome. Il s'agissait en effet d'une chose importante, difficile et qui, bien au-delà de l'Église locale, concernait toute la chrétienté. A travers le pape, c'est le discernement de l'Église toute entière que l'on désirait. L'évêque écrivit au pape *« lui disant qu'il pouvait croire sans crainte les porteurs de ces lettres car ce qu'il avait vu était vrai. Et il les remit à maître Jean de Provence. »*

« Celui-ci se mit en route en hâte. » On pense encore à la Vierge Marie se rendant en hâte chez Élisabeth pour avoir, selon l'invitation de l'ange, confirmation du signe qu'elle avait reçu. Aucun doute en cela mais une quête humble, sage et obéissante, en même temps qu'intense, pour reconnaître en toute sécurité la parole divine. *« Il se mit en route et se dirigea vers Rome. »*

Sans attendre, la grâce avait commencé son œuvre en Marie et ce commencement interférait sur son déploiement même : la présence en elle du Verbe Incarné fit jaillir l'illumination de la Visitation, confirmation de cette présence. Pareillement, le projet de Jean connut tout de suite ses premiers accomplissements qui contribuèrent en retour à la précision et à la formulation du projet. C'est ainsi que le chemin de Rome fut un temps de mûrissement. Parti en hâte, Jean mit plusieurs années à arriver. En route, *« il passa par un lieu appelé Cerfroid. Là habitaient quatre ermites qui l'interrogèrent avec passion sur son objectif et les raisons de son voyage à Rome. Il leur raconta. Eux alors, tout joyeux d'une si bonne nouvelle, décidèrent de vouer leurs personnes et leurs biens à Dieu et à cet Ordre si une telle cause pouvait aboutir et un tel Ordre se réaliser.* » On pense aux bergers recevant la Bonne Nouvelle et se disant l'un à l'autre en courant : « Allons à Bethléem », la Maison de la Paix, la Maison de la Trinité où les pauvres captifs retrouvent la paix, voir ce que le Seigneur nous a fait savoir. « Et ils virent l'enfant qui gisait dans une mangeoire » (Lc 2, 15).

Ces premiers avaient l'enfant entre leurs mains. Quel émerveillement ! Quelle promesse ! L'Évangile dans sa plus simple radicalité, sa plus pure pauvreté, habitait une mangeoire ! Ici naquit l'Ordre de la Très Sainte Trinité : Cerfroid, lieu de pauvres et d'Évangile, première "Maison de la Trinité et des Captifs".

Cela, sans savoir encore « si une telle cause pouvait aboutir » : c'est dans la foi que sont partis les frères, en pionniers, sûrs du don de Dieu mais ne connaissant ni les moyens et ni les chemins, démarche d'Abraham, démarche des fondations. Lorsque Jean arriva à Rome, la règle qui guidait les frères sur la route ouverte le matin de sa première messe n'était plus écrite avec de l'encre mais, selon ce que dit saint Paul : « Vous êtes une lettre du Christ, écrite avec l'esprit du Dieu vivant, dans vos cœurs » (2 Co 3,3).

« Notre bon professeur arrive au siège apostolique, rencontre le Seigneur Pape et lui montre les lettres qui témoignent en sa faveur. En long et en large, il raconta tout ce qu'il avait vu. Mais le Pape ne voulut rien en croire, les tenant même pour imbéciles, l'évêque et lui, d'attester de telles choses. » Quelle fut la réaction de Jean ? On se souvient de la réserve, voire de l'hostilité, des autorités ecclésiales devant les initiatives des va-nu-pieds de l'Évangile. Innocent III

venait tout juste d'être élu, dans l'ardeur de ses trente-sept ans. C'était un juriste, un homme de gouvernement, pour lequel les réalités humaines pesaient plus que les « visions ». Jean pensa-t-il qu'il avait là une réponse ultime et qu'il s'était trompé ? Pourtant les signes de l'Esprit n'avaient pas manqué. Sans doute, ne comprenait-il plus rien, tout simplement. Il était dans la nuit absolue, celle de la foi pure. C'était l'heure du sacrifice d'Isaac. Dieu demandait le fils qu'il avait miraculeusement donné. Jean se soumit, les événements le montrent. Comme Marie et Joseph devant les enfants massacrés en présence de la Promesse de la Paix, il descendit en Égypte. Bien loin d'éprouver la libération escomptée, il retournait au point de départ, là où il avait connu la nuit. *« Notre Parisien s'en retourna chez lui.* »

« *Or, peu après, le Seigneur Pape célébrait la messe. Et voici que lui apparut la vision qui s'était manifestée à Maître Jean. Il fut profondément contrit de n'avoir pas écouté. On courut le chercher pour le ramener au plus vite, si on le trouvait. On ne le trouva pas. Alors le Pape s'écria : Que le Seigneur me le ramène.* » Enclin aux considérations juridiques, Innocent III se retrouva en fait confronté aux jaillissements charismatiques de l'Esprit. « Quand tu seras vieux, tu étendras les bras, un autre te mettra ta ceinture et te conduira où tu ne voudrais pas aller », disait Jésus à Pierre (Jn 21,18). Innocent III fut amené à reconnaître tant de fondations nouvelles que les deux décennies de son pontificat marquèrent un tournant dont l'Église vit encore. Dieu agit dans l'histoire, avec humour.

« Notre saint homme, par la suite, s'en vint à Rome, rencontra

le Pape et obtint de lui tout ce qu'il voulut. Deo gratias. L'an du Seigneur 1198 commença l'Ordre de la Sainte Trinité. »
Ainsi se conclut la narration. De fait, cette année-là, Innocent III écrivit les deux lettres suivantes au frère Jean :

> « *Innocent, évêque, serviteur des serviteurs de Dieu, au cher fils Jean et aux autres frères de la Maison de la Trinité à Cerfroid, dans le diocèse de Meaux, salut et bénédiction apostolique. Lorsque ce qui nous est demandé est juste et honnête, notre mission nous oblige à y faire droit avec sollicitude. C'est pourquoi, chers fils aimés dans le Seigneur, nous accédons de tout cœur à vos suppliques et prenons sous la protection du Bienheureux Pierre et sous la nôtre vos personnes et vos biens, tant ecclésiastiques que du monde. Nous confirmons de notre autorité apostolique et avalisons par le présent écrit, auprès de vous et de vos successeurs, tout ce que vous possédez dans la justice et dans la paix. En particulier : la maison de la Sainte Trinité de Cerfroid que, dans sa charité, notre très chère fille dans le Christ, Marguerite, Comtesse de Bourgogne, vous a donnée en vue du rachat de ceux qui, revêtus de l'armure de la foi, faisant généreusement de leur personne un rempart pour la défense de la loi divine, tombent souvent entre les mains des ennemis de la croix du Christ et supportent joyeusement pour lui le joug d'une captivité barbare, dans la faim, la soif et toutes sortes de peines ; également le lieu de Planels avec son Église construite par le gentilhomme R. de Planels, donnée elle aussi en vue de cette même œuvre du rachat ; également la maison et toutes ses*

dépendances se trouvant dans le diocèse de Paris, plus exactement à Bourg-la-Reine, que Maria Panateria, de noble condition, vous a assignée à titre d'aumône perpétuelle, toujours en vue de la même œuvre. Nous établissons que personne ne veuille, par une présomption téméraire, changer la destination à laquelle, après mûre délibération, vous avez voué vos maisons actuelles et à venir, à savoir la rédemption des captifs ou l'observance de la vie de l'Ordre ou des institutions. Il n'est licite à personne de contrevenir aux dispositions de cet écrit ou de s'y opposer témérairement. Si quelqu'un présumait de le faire, qu'il sache qu'il encourrait l'indignation du Dieu tout-Puissant et de ses Bienheureux Apôtres Pierre et Paul. Donné à Rome auprès de saint Pierre, le 16 mai, l'an de l'Incarnation du Seigneur 1198, 1ère année de mon pontificat. »

« Innocent, évêque, serviteur des serviteurs de Dieu, au cher fils Jean, serviteur, et aux frères de la Sainte Trinité, salut et bénédiction apostolique. Établi par une disposition toute clémente de la Providence dans la sublimité du siège apostolique, il est de notre devoir d'approuver et de porter à leur accomplissement les pieux projets qui procèdent de la racine de la charité, surtout si la demande concerne le règne de Jésus Christ et vise à faire passer le bien commun avant le particulier. Eh bien, frère Jean, serviteur, fils aimé tendrement dans le Christ, il y a quelque temps, tu t'es présenté à nous pour nous exposer humblement ton projet – qui, pense-t-on, aura trouvé son origine dans

une inspiration divine – demandant sa confirmation par l'approbation apostolique. Afin que nous puissions mieux nous assurer que ton désir était fondé dans le Christ – en dehors duquel aucun fondement stable ne peut être posé – nous avons cru bon de te renvoyer muni de nos lettres à notre vénérable frère évêque et à notre bien-aimé fils l'abbé de Saint-Victor de Paris, pleinement informés de tes désirs et de ton dessein, afin qu'éclairés sur tes intentions, sur le bien qui pourrait résulter de la fondation de l'Ordre et sur son mode de vie, il nous fut possible de te donner notre assentiment avec plus de sécurité et d'efficacité. Maintenant donc qu'à la lecture de leurs lettres, il nous paraît évident que, vous autres, vous recherchez les intérêts du Christ plus que les vôtres, voulant que vous profitiez de la protection apostolique, de notre autorité nous vous concédons, à vous et vos successeurs, pour qu'elle demeure perpétuellement inviolée, la règle jointe selon laquelle vous devez vivre, conforme quant à sa teneur aux lettres de l'évêque et de l'abbé avec en plus ce que, par notre disposition et à ta demande, fils serviteur, nous avons cru devoir ajouter. Pour qu'on en connaisse en toute évidence le contenu, nous la faisons noter ci-dessous. (…suit le texte de la règle primitive). Qu'il ne soit licite à personne de contrevenir ou de s'opposer à ce que nous avons concédé et institué dans ces pages. Si on en avait la présomption, on encourrait l'indignation de Dieu tout-puissant et de ses bienheureux Apôtres Pierre et Paul.

« Donné au Latran, le 17 décembre, l'an de l'incarnation

du Seigneur 1198, première année du Pontificat d'Innocent III. »

La simple lecture des deux lettres ci-dessus d'Innocent III nous apprend que, lors de son approbation, l'Ordre trinitaire existait déjà, avec ses maisons, ses desseins mûrement réfléchis, sa place et son influence dans la société en rapport à la douloureuse blessure de la captivité, et aussi ses difficultés.

In Nomine Sancte et Individue Trinitatis

Le moment est venu d'écouter la règle approuvée par Innocent III. Jusqu'à présent, nous n'avons que pressenti intuitivement, à partir de données ou de traditions fiables, le visage et l'histoire de Jean de Matha, esquisse subjective trouvée dans l'âme de fils partageant la même grâce, intuition et vocation, histoire et visage vivants dans les Trinitaires d'aujourd'hui.

Mais il est un point de repère précis, objectif : le texte même sur lequel s'est penché Jean de Matha et dont il a été l'inspirateur, expression de sa pensée et de son cheminement, de sa vocation et de son œuvre. Ce texte exprime en toute certitude ce qu'il a reçu le jour de sa première messe.

La règle de vie des « frères de la Sainte Trinité » fut approuvée et éditée par le pape Innocent III le 17 décembre 1198 à Rome dans une bulle intitulée « Operante divine dispositionis [11]. »

---

[11] Registre du Vatican, vol. 4, v. 126v – 128r.

Elle commence ainsi : *« Au nom de la sainte et indivisible Trinité »*. Cette phrase introductive n'est pas seulement une formule de politesse, conventionnelle et courante. Elle traduit une spiritualité, une attitude spirituelle fondamentale : celle du regard toujours centré sur la Trinité. Âme du texte, ligne de force du projet de vie, clé d'interprétation, cette orientation trinitaire reste présentée de façon discrète. Outre l'introduction, on la repérera comme en passant à quelques signes, comme : *« Toutes les églises porteront le Nom de la Très Sainte Trinité »*, peut-être afin de se conformer à l'intuition de la première messe où tout ne fut qu'évocation, regard spirituel, le Rédempteur renvoyant à la Trinité, et de même le captif. Par fidélité, Dieu ne fut pas représenté mais tout parla de lui. Ici, dans le silence, c'est vers la Trinité que sans cesse l'âme s'élève.

« Que les frères de la maison de la Sainte Trinité vivent sous l'obéissance du premier d'entre eux – qui sera appelé "serviteur" – dans la chasteté et sans rien en propre. » Sans attendre, voilà exprimé le secret qui sous-tend le projet, son origine et sa finalité : vivre dans la maison de la Trinité. Le terme employé est simple : "domus". Il a un goût d'Évangile, apprécié des mouvements de pauvres de l'époque, une saveur familiale : la Trinité vivant en maisonnée ! Une maison de "frères", un foyer. On y choisira, à l'invitation pressante de la Bienheureuse Trinité, l'obéissance, la chasteté et la pauvreté, si propices à l'accroissement de la charité : en voulant ce que Dieu veut, on émarge à sa liberté même ; eunuque, on entre dans la communion spirituelle ; ne possédant rien, comme l'Évangile, on en a la force. Libres

absolument, pour aimer dès maintenant de l'amour même du Royaume, un, on s'inscrit dans un lien véritable avec le Ciel, par la foi pure, en l'attente certaine de ces dons. C'est une atmosphère de Nouvelle Jérusalem qu'insuffle la Sainte Trinité dans sa maison, là où « il ne se fera rien de mal » (Ap 21,27), où celui qui est placé en premier pour le bien des autres porte le doux nom et l'esprit de « serviteur ».

« Que tous leurs biens, quelle qu'en soit la provenance légitime, soient divisés en trois parts égales. Dans la proportion des deux premiers tiers, ils accompliront des œuvres de miséricorde tout en subvenant à leur modeste entretien et à celui des familiers dont ils ont besoin. L'exacte troisième part doit être réservée au rachat des captifs qui sont enchaînés pour leur foi au Christ par les païens… »

Tout, d'emblée, est intégralement orienté vers la charité. Avant même de penser à soi, on évoque les œuvres de miséricorde, ne parlant de soi qu'en fonction d'un partage, comme si vivre n'était que cela.

« Ad redemptionem captivorum qui sunt incarcerati pro fide Christi a paganis » est la phrase-clé, la raison de vivre des Trinitaires.

a) L'expression *« …ad redemptionem… »* renvoie à la libération d'Égypte et à la dynamique de la Rédemption : une sensibilité extrême à la captivité, une conscience aiguë de ce qu'elle représente pour des frères enfermés, bloqués, dans une situation où ils perdent l'humanité. Quoi de plus atroce, de plus contraire à la nature humaine, que l'esclavage ! Un intense désir de délivrer bouleverse le « goël » (Lv 25,47 sv.) qui se sent proche parent de la victime[12], la notion de fraternité imprégnant celle de rédemption car le concept biblique de rachat (« gaal ») est sous-tendu par celui de famille : c'est le frère qui est en perdition et qu'il faut aller chercher (Lv 25,47 sq.), non par la force mais en payant de soi. Il s'agit de donner sa vie pour lui.

b) Or ceux qui doivent être rachetés sont non seulement captifs mais encore enfermés dans cette captivité, *« … captivorum qui sunt incarcerati… »*, « captifs enchaînés », non seulement dépendants mais pris dans cette dépendance, sans possibilité de se dégager par eux-mêmes. La libération porte d'abord sur l'enfermement, elle brise la chaîne, clé sans laquelle il est impossible de commencer à se remettre en chemin. Il y a d'abord le rachat, avec la *« tertia pars »*, puis les œuvres de miséricorde, avec le deuxième tiers, confirment la libération. Ainsi en fut-il de la sortie d'Égypte où l'intervention divine fit d'abord sauter les verrous et traverser la Mer Rouge : le peuple n'était plus « pris » dans son esclavage. Dans un deuxième temps, au désert, commença le chemin de liberté, le cheminement de délivrance jusqu'à la plénitude du Royaume. L'expression ci-dessus, par son redoublement, indique ces deux étapes et invite les rédempteurs à considérer comme objets spécifiques de leur sollicitude ceux qui, non seulement sont dépendants, mais encore enfermés dans cette dépendance, bloqués, incapables d'amorcer sans aide la moindre libération.

---

[12] Dieu se dit le « goël » d'Israël (Lv 25,55).

c) Dans sa toute première lettre, du 16 mai 1198, Innocent III avait parlé *« du rachat de ceux qui, revêtus de l'armure de la foi, faisant généreusement de leur personne un rempart pour la défense de la loi divine, tombent souvent entre les mains des ennemis de la croix du Christ et supportent courageusement pour celui-ci le joug d'une captivité barbare, dans la faim, la soif et toutes sortes de peines »*. Il fallait les secourir, ils souffraient cruellement. Or, ils se trouvaient dans cette misère pour avoir voulu servir la foi, *«...pro fide Christi... »*.

Cette expression désigne la raison de leur captivité : « des ennemis de la croix du Christ » attaquant « la loi divine », ils ont voulu faire « de leur personne un rempart » pour défendre le salut éternel de ceux qui, victimes de cette agression, ne pouvaient plus suivre cette loi.

On est renvoyé au sens religieux des croisades : c'était agir en serviteur de la foi que de prendre les armes pour faire « de sa personne une muraille en défense de la loi divine ». C'était se vêtir non d'armure mais de foi. Le croisé posait un acte religieux.

« L'armure de la foi », c'est la foi en tant qu'armure, au sens où l'entend saint Paul, dans sa lettre aux Éphésiens : « Revêtez l'armure de Dieu... le bouclier de la foi » (Ep 6,16). C'est la foi qui est protectrice, armure dans le combat spirituel livré « non à l'homme mais [...] aux esprits du mal qui sont dans les cieux » (Ep 6,12). Mais devant une agression qui voulait la détruire, on en vint à éprouver le besoin de défendre cette foi elle-même. De protectrice, elle devint protégée. On s'aperçut que certains, sous l'épreuve de la contradiction, vacillaient. Pour leur éviter de sombrer, on voulut revêtir leur foi d'une armure. Tel était le souci des croisés, du pape, de Jean.

Revêtir la foi d'une protection, est-ce erroné ? Cette démarche en tout cas accordait à la vie éternelle (dont la foi est le moyen) la valeur suprême et était elle-même pleine de foi jusqu'au sacrifice, digne du plus grand respect aux yeux des hommes du XIIe siècle. A condition toutefois – précise Innocent III dans ses lettres à Jean – d'être « juste et honnête », de chercher dans cette affaire « les intérêts du Christ plus que » les siens, animé d'un « désir basé sur le Christ. » Il fallait que sa « demande concerne le règne de Jésus Christ et vise à faire passer le bien commun avant le particulier. »

Ainsi l'expression «...pour la foi du Christ... » ne décrit pas tant la cause immédiate de la captivité, l'hostilité des païens à la foi, que sa cause première, à savoir la finalité qui habitait le captif : celui-ci avait en vue les « intérêts du Christ » et c'est pourquoi il avait « revêtu l'armure de la foi » et se retrouvait maintenant enchaîné. La bouleversante misère du captif résultait du souci, poussé à l'extrême, jusqu'au don de soi, de protéger la foi.

Plus encore, cette expression renvoie à la finalité du rédempteur : c'est lui qui, le premier, a en vue la défense de la foi, et c'est pourquoi il est si proche du captif. Les motivations fondant validement, selon Innocent III, la demande de Jean de Matha sont exactement celles qui ont conduit les croisés à la captivité : le souci du service de Jésus Christ en s'oubliant soi pour se faire muraille de défense pour sa loi ! Les intentions sont identiques, qui font se retrouver rédempteur et racheté au fond d'une même prison : pour protéger le règne de Dieu, l'un entre en captivité et l'autre libère.

Ainsi, pour écrire *« ad redemptionem captivorum qui sunt incarcerati pro fide Christi a paganis »* fallait-il penser : « pro fide Christi, ad redemptionem captivorum qui sunt... ». C'est le souci de la foi, c'est-à-dire du salut éternel, qui, à l'instar de la croisade dans sa finalité spirituelle, animait l'œuvre du rachat, l'expliquait, l'orientait, la valorisait. Ce qui importait à Jean, au pape, etc., c'est que l'on ait agi et que l'on agisse «...pour la foi... », « en vue de Dieu ».

Ce que l'on pourrait appeler un « processus de modernité » se repère ici nettement. La démarche des rédempteurs, comme celle des captifs, s'inscrivait dans la psychologie médiévale, et pourtant la valorisation caractéristique de la foi était une pierre d'attente. Elle portait en elle une perspective immense, moderne : la valorisation de l'homme. A défendre en vérité le salut éternel, on se retrouva à défendre l'homme. La loi de Dieu à protéger, fut l'homme vivant, le frère, tout frère, consolé, libre, debout ! La défense de la foi chez Jean ne devint pas un égoïsme (la défense d'un clan !) mais acquit toute sa portée. Elle s'ouvrit à sa perspective véritable : la foi à défendre par le don de soi, c'est le règne de Dieu dans l'homme ; tout homme libéré ; les deux captifs également rachetés. On repère là l'authentique défense de la foi, chez Jean de Matha – et dans l'Église !

d) Enfin, l'expression *«... a paganis... »*, pour une conscience chrétienne du XIIe siècle, signifie « hors-chrétienté ». Elle désigne un règne étranger où la loi du Christ n'a pas cours. C'est un peu ce que nous appellerions aujourd'hui « hors-amour », « hors-humanité ». La présence du Verbe dans les réalités humaines hostiles auxquelles étaient confrontés les auteurs de notre texte a-t-elle échappé à leur conscience ? Ces réalités ont été sans nuance qualifiées de paganisme mais la porte est restée grande ouverte à une compréhension plus profonde, qui n'est pas une invention contemporaine mais habitait, c'est sûr, en germe l'âme de notre saint : les réalités humaines sans amour existent et ce sont elles qui sont ici visées et portent le nom de « païens ».

En conclusion, pour comprendre cette phrase-clé de la vie d'un Trinitaire, peut-être faut-il donc la transcrire avec cette inversion : «...pro fide Christi ad redemptionem captivorum qui sunt incarcerati a paganis... » et lire, en traduisant à la lumière des paragraphes ci-dessus, « ...en vue de Dieu, libérer par le don de soi-même des frères qui sont pris dans la dépendance de réalités humaines dont l'amour est exclu... »

La mosaïque dirait-elle plus que la règle primitive, prise au premier degré ? Jean de Matha a-t-il vu son intuition libératrice s'incarner dans une œuvre de rédemption de captifs issus des croisades, au gré des circonstances et des influences (demandes de rachats, donations à cet effet, rôle des premiers ermites et des responsables ecclésiastiques) ? En tout cas, comprise en profondeur, la règle primitive rejoint pleinement le dynamisme de la première messe.

« On donnera un prix raisonnable pour leur rachat ou encore pour celui de captifs païens en sorte qu'après, par une

permutation raisonnable et en toute bonne foi, on rachète un chrétien pour un païen, en tenant compte des mérites et de l'état des personnes.» Ici, on aurait envie de chanter: «Heureux les pacifiques, ils seront appelés fils de Dieu» (Mt 5,9). Dans une situation conflictuelle et tragique, on cherche ce qui est conforme à la raison, dans le sincère souci de respecter le droit de l'autre. C'est un modèle de conciliation, recherche d'équité dans l'esprit des remarques de Lv 25,50-52. Voilà un bon révélateur de l'esprit de l'œuvre de Jean de Matha: tout en s'inscrivant dans le cadre de l'époque, sans avenir, on lui découvre une autre vocation, éternelle, conforme aux Béatitudes, toujours actuelle.

«Si on nous donne de l'argent ou tout autre chose pour un usage déterminé, on en prélèvera malgré tout la troisième part, en accord avec le donateur. Sinon, on n'acceptera pas le don.» «Heureux les cœurs purs, ils verront Dieu» (Mt 5,8). La réponse à l'appel doit être constante, sans reprise, sans mélange. La radicalité de l'Évangile, transparaît ici, chère aux mouvements de réforme.

Elle est compatible avec une bonne organisation: *«On fera exception des terres, des prés, des vignes, des bois, des édifices, du bétail et autres choses similaires. En effet, les revenus qu'on en retirera seront divisés en trois parts mais il faut d'abord en garder la moitié en prévision des dépenses d'entretien. Étant entendu que ce qui ne requiert que peu ou pas de dépenses sera intégralement divisé. Ce qui est d'usage courant (vêtements, chaussures ou autres petites choses), qui ne sont objet ni de commerce ni d'entretien, on ne se souciera pas à leur propos de "tertia pars", même si elles proviennent d'un don.»*

«A moins que le ministre de la maison et les frères ne jugent bon de le faire. De tout cela, on délibérera chaque dimanche si possible en chapitre (assemblée des frères). Si cependant ce dont on a parlé (vêtements, terres, bétail ou petits objets personnels) venait à être vendu, il faudrait en diviser le revenu en trois parts, comme il a été dit.» C'est le discernement des esprits : on a une ligne de conduite et ensemble on prévoit son application. Tout est délicatesse, recherche commune de la vérité. « En tenant compte du possible », précise-t-on à diverses reprises. On remarquera souvent ce souci de mesure, de raison, de justesse manifesté déjà à propos des négociations de rachat : dans la vie commune, ordinaire ou conflictuelle, dans les relations avec les étrangers à l'Ordre, dans la vie liturgique, etc., toujours, il sera question de rechercher une sage et pacifique solution. « Heureux les doux, ils sauront bien gérer les affaires terrestres » (Mt 5,4). Comme le rouge et le bleu sur la croix trinitaire, l'ardeur de la consécration et le feu de la mission se marient à la douceur de la communion et à la rosée de l'harmonie.

Les lignes suivantes visent à organiser dans tous les détails la vie de la maison de la Trinité. *« Toutes les églises porteront le Nom de la Sainte Trinité et seront d'architecture simple. »* Les frères constitueront une sorte de communauté mixte, pouvant être sept dont trois laïcs. *« Le serviteur s'occupera de ses frères comme de lui-même. »* Les frères porteront des vêtements de laine (les plus économiques alors) et sans teinture, par simplicité et pauvreté. Chacun pourra avoir son manteau. Ils vivront dans la pudeur. Ils n'utiliseront pas de matelas, sauf s'ils sont malades, mais pourront avoir un oreiller car pour eux le Fils de l'Homme n'eut pas où reposer la tête (Mt 8,20).

Sur l'habit, ils porteront bien visible le signe de l'Ordre mais que jamais ils ne s'élèvent sur des chevaux ! Qu'ils n'en possèdent même pas ! Pourtant, « voici ton Roi qui vient à toi, monté sur un ânon, le petit d'une ânesse » (Mt 21,5) : ils peuvent donc eux aussi monter sur des ânes, donnés, prêtés ou tirés de leur propre bétail. Humblement toujours, ils ne prendront que du vin trempé, sobrement.

Leurs jeûnes seront fréquents : quatre jours par semaine de septembre à Pâques, tous les jours sauf le dimanche pendant l'avent et le carême. *« On peut cependant si nécessaire choisir de diminuer le jeûne. On peut aussi l'augmenter. »* Ils mangeront de la viande les dimanches et jours de fête mais sans frais : elle ne pourra qu'être donnée ou prélevée sur leur élevage. Qu'ils ne fassent donc aucune dépense pour se nourrir, si ce n'est pour acheter du pain, des légumes, etc., de première nécessité. *« Ils pourront cependant acheter des viandes, du poisson, du vin pour les besoins des malades, des faibles, des pauvres ou à l'occasion des grandes fêtes. Ils peuvent aussi acheter du bétail à élever. En voyage pendant le carême, ils pourront malgré tout se procurer du vin et du poisson, modérément, s'ils en sentent la nécessité. Mais s'il s'agit d'un voyage de rédemption, tout ce qu'on pourrait leur donner alors, ils doivent le consacrer intégralement au rachat, déduction faite d'éventuels frais »*, sans donc l'utiliser à quelque achat personnel en appliquant la règle des trois parts. On voit que l'ardeur de la consécration est intégrale, toujours prête à devenir prioritaire mais qu'elle demeure humaine, compréhensive : « Mon joug est facile et mon fardeau léger » (Mt 11,30).

Suit maintenant ce qui concerne la relation entre les frères. Tout d'abord, quand ils sont à l'extérieur, en voyage par exemple, ils ne doivent jamais oublier leurs frères mais toujours chercher à se rapprocher d'une communauté. Entre eux, c'est la stricte égalité, notamment entre clercs et laïcs. Voici le point d'orgue de toute la vie communautaire : *« La charité sera telle entre les frères qu'ils feront usage de la même nourriture, du même vêtement, du même dortoir, du même réfectoire et de la même table. On fera dormir et manger les malades de façon particulière, avec quelque religieux pour prendre soin d'eux. Le soin des hôtes, des pauvres et de tous ceux qui passent sera confié à l'un des frères les plus remplis de discernement et de bienveillance qui les écoutera et leur fournira le secours de la charité, selon ce qui convient. Tout sera fait de grand cœur et jamais on ne rendra le mal pour le mal. »* Il est intéressant de remarquer que le rapport aux malades et aux nécessiteux est défini dans les paragraphes où il est question du rapport entre frères : une façon de dire qu'ils sont partie constitutive de la maison de la Trinité. *« Aucun frère, continue la règle, ne restera sans travail puisque l'Apôtre a dit : celui qui ne travaille pas, qu'il ne mange pas non plus* (2 Th 3,10). *Ils conserveront avec soin le silence, parlant doucement si nécessaire. Chaque dimanche si possible, le serviteur et ses frères tiendront chapitre. On se rendra compte fidèlement les uns aux autres des revenus de la maison et des dons reçus et on verra comment affecter la troisième part au rachat des captifs. On fera également à tous, frères mais aussi familiers de la maison, une exhortation qui tienne compte des capacités de chacun et qui les instruise de ce qu'ils doivent croire et pratiquer. On examinera aussi les différends. Aucun frère n'accusera publiquement son frère sans bonne preuve. Si un frère commet une faute envers un autre frère et que la victime est la seule informée, même innocente elle endurera l'offense avec patience. Quand les esprits seront calmés, elle avertira le coupable avec bienveillance, en vrai frère, et ainsi seul à seul, jusqu'à trois fois, l'invitant à faire pénitence et ne pas recommencer. Si celui-ci n'écoute pas, le frère avertira le serviteur qui corrigera le coupable en secret selon ce qu'il croira utile à son salut. Une fois par année, l'octave de la Pentecôte*[13]*, on célébrera un chapitre général.* »

On donne alors un certain nombre de directives : comment envisager la gestion des biens matériels ; que faire *« si quelqu'un fait violence aux biens de la maison (on avertira charitablement le coupable) » ;* comment procéder à l'élection du serviteur, organiser les confessions, déposer les serviteurs s'ils manquent à leur devoir, prévoir l'accueil des nouveaux frères. Puis vient une série de mises au point destinée à prémunir la communauté contre certains travers de la nouvelle société mercantile qui commence à poindre : pas de gages, de serments, de fausseté dans les échanges économiques ni d'usure.

Quatre précisions importantes sont finalement ajoutées. Elles concernent la place de la vie spirituelle au cœur de la charité :

---

[13] C'est le dimanche de la Sainte Trinité, dont la fête ne sera inscrite au calendrier de l'Église universelle qu'en 1331, par le pape Jean XXII.

– Quand on accueillera un hôte, on lui donnera tout de suite les secours des sacrements *(«il confessera ses péchés et communiera »).* L'âme et le corps sont étroitement associés dans les soins et l'hospitalité.

– Notre hospitalité s'élargira à l'accueil des besoins spirituels des fidèles défunts. Chaque lundi, on priera pour eux. Ils sont en effet eux aussi dans l'impossibilité de faire quelque chose pour eux-mêmes, à l'instar des captifs « pris » dans leur enfermement et ne pouvant que recevoir de l'extérieur, de la sollicitude de leurs frères, leur élargissement.

– Aux hôtes, on l'a vu, on fournit nourriture et chaleur mais aussi écoute. C'est l'être humain dans toutes ses dimensions, dans sa profondeur, qui est pris en compte. Or sa réelle profondeur, c'est son âme, sa vie spirituelle : en plus de l'enseignement dominical, *« chaque soir, à l'hôtellerie, en présence des pauvres, on fera une prière en commun ».* Il s'agit de s'ouvrir à la présence du Christ, en le reconnaissant dans la famille réunie en prière (Mt 18,20 : « Là où deux ou trois sont réunis en mon nom, je suis là au milieu d'eux. »), écho de sa reconnaissance dans ceux qui sont accueillis (Mt 25,40 : « Ce que vous avez fait au plus petit d'entre les miens, c'est à moi que vous l'avez fait. »). Dans le Christ qui est secouru, le Christ qui secourt se fait présent et constitue la communauté secourante. Ainsi, avec un profond souci pastoral, on aidera ceux qui s'associent à la vie de la maison de la Sainte Trinité à demeurer dans la communion de la Sainte Église, maison de la Trinité dans sa plénitude : *« On priera ensemble pour la situation et la paix de la Sainte Église Romaine et de toute la Chrétienté » ;* également, *« on priera pour les bienfaiteurs et tous ceux pour qui en général l'Église a l'habitude de prier »,* pédagogie maternelle où, dans le sein de l'Église, l'homme réapprend à vivre, à aimer, à respirer au rythme du cœur de sa mère et de ses intentions ; à se décentrer de lui en prenant conscience de l'amour dont il est l'objet, répondant à cet amour par la prière pour les bienfaiteurs ; à s'oublier enfin et à s'ouvrir, par delà lui-même, aux besoins plus grands encore que les siens, véritable thérapie.

– Pour les usages religieux, on suivra tout simplement les orientations de l'abbaye de Saint-Victor, à l'ombre de laquelle Jean de Matha a grandi spirituellement et où la spiritualité est toute centrée sur la charité et la contemplation. La liturgie toutefois pourra être plus simple. On reconnaît encore une fois le souci d'adaptation et de compréhension de la règle.

– Les rapports des clercs et des laïcs sont définis en sorte qu'on respecte la personnalité de chacun.

Avec les captifs, Trinitaires

Telle est la règle de Jean de Matha.

C'est une base sur laquelle se construit tout l'édifice spirituel trinitaire manifesté et perçu lors de la première messe, à savoir entrer par le Christ dans l'intense communion de la Trinité d'où jaillit l'élan vers le captif, frère séparé de cette communion et sans espérance autre que celle d'une libération par mode de rachat.

Cette vocation à communier à la Trinité par la rédemption des captifs, et inversement, suit quatre chemins.

Le premier est la communion avec Dieu. Voilà ce qui est recherché, avant tout. Rien ne compte d'abord que cet appel des synoptiques : « Jésus le regarda et l'aima. Puis il lui dit : Va, vends ce que tu as, donne-le aux pauvres, puis viens et suis-moi » (Mc 10,21). Démarche fondamentale, à l'origine même de la vie religieuse et de toute vie spirituelle, qui anima Jean de Matha dès son enfance. Il s'agit de faire l'œuvre de Dieu, c'est-à-dire de laisser Dieu construire en soi et à travers soi son Royaume. Par cette seule démarche, déjà, on communie à la vie trinitaire et au rachat des captifs. Elle est au cœur de la consécration de Jean de Matha.

Le deuxième chemin est la communion avec les frères : que la maison de la Trinité soit, dans la grâce sacramentelle, véritable icône de son modèle, non pas son ombre mais sa réalité. De même que le second commandement est semblable au premier (Mt 22,38), ainsi la communion fraternelle accomplit la communion trinitaire d'où jaillit la charité rédemptrice. Sans elle, on n'est ni trinitaire ni rédempteur. Elle est au cœur de la règle primitive.

Le troisième chemin est la « tertia pars ». Elle est le moyen d'accomplir la mission, non seulement matériellement mais en tant qu'outil par lequel se construit la communauté trinitaire. Autour d'elle se tisse la communion puisque, aiguillonnant sans cesse la charité rédemptrice qui réunit les frères (le projet de partage rend présent le souci des captifs), elle les pousse à mettre en commun les richesses et en œuvre les secours, à comparer les besoins de la communauté, des pauvres et des captifs, à faire ensemble le discernement des priorités. La « tertia pars » n'est pas un rapport mathématique mais un point d'équilibre dans une dynamique de partage, une invitation à penser à l'autre : « qui est le plus nécessiteux » est-on invité à se demander ? Il faut garder une partie pour l'autre et une partie pour soi, selon ce qui est juste et convient ; il faut gérer les biens terrestres, au profit de tous, en particulier de ceux qui sont en péril. La règle du tiers est un symbole, celui du juste partage, qui règne au sein de la Trinité. Elle sert de point de repère dans le discernement que la communauté est appelé à faire des besoins et des priorités. École de charité, elle est au cœur de la vocation de Jean de Matha.

Le quatrième chemin, enfin, est l'hospitalité. Ce que veut faire la Sainte Trinité, c'est ramener dans sa maison tous ses enfants dispersés et leur dire : « Je ne vous appelle plus serviteurs mais amis car tout ce que j'ai entendu de mon Père, je vous l'ai fait connaître » (Jn 15,15) et « l'esclave ne demeure pas toujours dans la maison, le fils, lui, y demeure pour toujours » (Jn 8,35). Les hôtes ne sont pas des étrangers mais des fils, soignés et guéris par leur condition de fils. Pensons au fils prodigue. C'est l'« agapéthérapie », en laquelle le mal (la perte de la famille) est soigné par son contraire (l'insertion dans la famille). Être captif, c'est être loin de la maison ; être sauvé, c'est retrouver la maison. Ce « faire famille » est l'objectif même de la Sainte Trinité : sa maison n'est elle-même que simultanément « maison des captifs ». Sans la Trinité, pas de captifs en rédemption ; sans captifs, la maison de la Trinité n'est pas constituée. Les captifs sont constitutifs de la communauté trinitaire. Les Religieux ne sont-ils pas, eux les premiers, des « captifs libérés » ? Et les captifs accueillis ne sont-ils pas le Christ présent (cf. Mt 25), en lequel les Trinitaires reçoivent leur vocation ? Une dévotion illustre cela : le culte à « Jésus Nazaréen ». Au XVIIe siècle, il y avait au Maroc une statue grandeur nature représentant l'Ecce Homo. Les musulmans y reconnaissaient le prophète Jésus de Nazareth. Des religieux espagnols l'ont rachetés comme un captif. Ils lui ont imposé leur scapulaire trinitaire. On peut la voir aujourd'hui encore dans une église à Madrid, objet d'une intense dévotion populaire. Elle symbolise l'œuvre de la Rédemption : le Christ à la fois libérateur dans sa passion et appelant au secours dans le frère emprisonné. « J'étais prisonnier et vous êtes venus me voir » (Mt 25,36). Les captifs, accueillis dans leur communauté, en assument les exigences. Les rédempteurs avaient l'habitude d'imposer aux rachetés le signe de l'Ordre, la croix bicolore, que l'on appelle scapulaire, pour signifier que, désormais rachetés par la Sainte Trinité, ils avaient à vivre en elle, comme fils et serviteurs. L'accueil est simplement vie de famille. Il ne concerne pas le faire mais l'être. Il entre dans la constitution de l'être trinitaire. L'hospitalité est la vérité de la mission de Jean de Matha.

Maison de la Trinité et des captifs

Le grand saint Jean-Baptiste de la Conception, Trinitaire

du XVIe siècle, Réformateur de l'Ordre, disait : « Dieu a fait de nous, parmi tous les religieux, des vases d'élection pour porter de par le monde le Nom admirable de la Très Sainte Trinité[14]. » Sans doute pensait-il aux vases de terre dont parle saint Paul et à leur trésor. Ils ont été choisis dans leur pauvreté afin qu'il soit bien clair « que cette incomparable puissance est de Dieu seul. » (2 Co 4,7). Mais ils sont élus. C'est-à-dire consacrés, oints, participants de la grâce messianique. Les Trinitaires ont conscience d'être consacrés à la Trinité « à un titre nouveau et particulier[15] » et – c'est tout un dans la tradition biblique – constitués « Maison de la Trinité », pour accomplir la mission qui leur est propre : être une louange de gloire à la Trinité par la charité rédemptrice. Ils se savent signes particuliers pour le monde de l'Amour rédempteur qui se rend à ceux qui sont privés de lui.

Qui dit consacré dit prêtre. Le consacré consacre le monde. Jean de Matha reçut sa vocation au cœur de l'Eucharistie. L'apparition de la première messe, d'après la mosaïque, est, rappelons-le, une hostie. Consacrant le monde, tenant dans ses mains la réalité humaine blessée mais offerte au Père et au milieu de laquelle intervient et est accueillie la Parole, Jean fait être, en quelque sorte, le don de Dieu, la communion trinitaire et rédemptrice, sa vocation. Par sa consécration baptismale, vécue de façon particulière dans une consécration religieuse, Jean est prêtre. Il transforme le monde en Corps du Christ. L'hostie qu'il

[14] *Œuvres de saint Jean-Baptiste de la Conception,* t. VI, ch. I, p. 4.
[15] Constitutions actuelles de l'Ordre, § 4.

tient, la scène qu'il voit, c'est ce qu'il est appelé à être, à vivre : vie trinitaire au cœur du monde, rédemptrice.

Qui dit Eucharistie dit Église, famille et maison de la Trinité. Le ministère de Jean de Matha s'adresse à des déshumanisés. Mais rendre l'homme à lui-même, c'est le rendre au Christ, en lequel seul l'homme trouve sa vérité. Ne plus pouvoir être en Christ, ne plus pouvoir être avec lui dans la vie trinitaire : tel est le critère de déshumanisation, qui appelle la rédemption. Or cette situation correspond de fait à l'« inecclésiabilité », incapacité à faire partie de l'Église. Car c'est en Église que l'on est en Christ. Réintroduire en Église, vie trinitaire communiquée, est l'unique façon de rendre l'homme à son humanité. Lorsque les rédempteurs du XIIe siècle ramenaient le chrétien en chrétienté, par delà peut-être leur conscience du moment, marquée des soucis immédiats – ils mettaient symboliquement le doigt sur la véritable libération de l'homme : on ne le ramène à son humanité qu'en le ramenant à sa famille, à Dieu communiqué en Jésus Christ, l'Église.

L'humanité est Église lorsqu'elle est rassemblée et conduite par le Bon Pasteur, par la Parole Vivante, par la Grâce. C'est la triple fonction, royale, prophétique et sacerdotale du Christ, par laquelle il rend l'humanité « église » c'est-à-dire, précisément, participante de cette fonction. L'homme devient à son tour roi, prophète et prêtre. Il rejoint sa vérité.

Aussi, quand ils voient des ***frères empêchés d'être Peuple de Dieu,*** (ou simplement en grave danger de l'être), c'est-à-dire réunis à l'Assemblée des fils, nourris de la Parole du Père et associés à la Vie divine, les Trinitaires savent reconnaître là un état de déshumanisation et se sentent appelés à intervenir, à la suite de frère Jean, à la façon du Christ, par la rédemption.

Il s'agit, de nos jours, « des hommes qui souffrent persécution à cause du Christ, de ceux qui sont dépouillés de leurs droits à la liberté et à la justice, des peuples qui ne croient pas encore au Christ, des chrétiens qui ont besoin d'être fortifiés dans leur foi [16] ».

Maison de Marie

La règle primitive ne fait aucune mention explicite de la Vierge Marie. Elle se réfère, quant à la liturgie, aux usages de Saint-Victor, également donc en ce qui concerne le culte marial. Le samedi, traditionnellement consacré à Marie, est jour de jeûne en son honneur. Mais nous avons vu tout ce qui, dans l'expérience spirituelle de Jean de Matha, y fait allusion. La première maison de la Trinité est une maison de Nazareth. La règle est imprégnée d'Évangile, à l'image de Marie.

Le pape Jean XXIII a écrit : « Les religieux, dont le but est d'honorer d'hommages particuliers la Sainte Trinité... et de se livrer au soulagement des malheureux, vénèrent, presque dès le commencement de leur Ordre, le sanctuaire de l'Auguste Trinité, la mère de leur Créateur et des hommes, Marie, mère secourable, sous l'appellation "du Remède". En effet, Jean de Matha, leur père fondateur

[16] *Constitutions de l'Ordre de la Très Sainte Trinité,* ch. 1, § 5 ; Rome, 1984.

et législateur, était porté à un amour extrême envers la Vierge, Mère de Dieu. Sous le manteau de sa protection, il établit et propagea ce saint Ordre et laissa à ses fils cette grande dévotion comme un précieux héritage. Le culte particulier de la Mère de Dieu, qui guérit les maux de ceux qui l'invoque, fut présent à leur esprit pendant des générations et, maintenant encore, garde sa vigueur et demeure florissant[17]. »

---

[17] Sacrarium Trinitatis Augustae, AAS l.III 1961, 602.

Chapitre 3

L'ŒUVRE DE JEAN DE MATHA

« Relève-toi et tiens-toi debout. Car voici pourquoi je te suis apparu : pour t'établir serviteur et témoin de la vision dans laquelle tu viens de me voir » (Ac 26,16).

De 1198 à 1213, année de sa mort, Jean de Matha déploya une intense activité. On dispose de documents qui font état, semble-t-il, de son implication directe dans l'œuvre du rachat. Il existe aussi beaucoup d'actes officiels concernant ses contacts avec des évêques ou des personnalités civiles [18]. Ceci nous permet de reconstituer les étapes du développement de l'Ordre dès son origine et l'itinéraire de notre saint.

Premières initiatives

La première information porte sur un voyage de rédemption effectué au printemps 1199 au Maroc. C'est

[18] Ignacio Marchionni, o.ss.t., *Note sulla storia delle origini dell'Ordine della SS. Trinità,* Rome, 1973, pp. 28 à 72.

une lettre d'Innocent III au roi Miramolin, datée du 8 mars, présentant « des personnes recommandables, parmi lesquelles figurent les porteurs de la présente, divinement enflammées », vouées au rachat des captifs. On ne précise pas si Jean de Matha faisait partie des rédempteurs. On voit la haute estime du pape pour cette œuvre qu'il recommande chaleureusement sitôt obtenue la protection pontificale.

Durant cette même année 1199 eurent lieu deux fondations de maisons trinitaires, celles de Marseille et d'Arles. Marseille était la base de départ des voyages de rédemption. Plaque tournante du commerce, elle permettait la relation et l'échange, de captifs notamment, avec tous les pays méditerranéens. Tous les cinq ans, Jean de Matha rendit visite au pape pour un état de l'Ordre et une confirmation de la bénédiction pontificale. Une liste des maisons était alors dressée. Marseille figure toujours en première position, sitôt après les trois premiers couvents contemporains de la fondation, Cerfroid, Planels et Bourg-la-Reine. C'est dire l'importance qu'occupa cette maison dans l'apostolat de l'Ordre. Elle connut un développement en 1203, année en laquelle Jean de Matha obtint de l'évêque Rainier la permission d'avoir une église, ouverte au public et munie d'un cimetière, attachée à la maison Saint-Martin et son hospice, « qu'il a lui-même fondée ». Son nom figure parmi les contractants et signataires. L'original portait un sceau représentant l'apparition du Christ et des deux esclaves.

Félix

Parmi les témoins présents, on note un certain *frater Felicius.* S'agit-il de celui que la tradition de l'Ordre appelle Félix de Valois, canonisé en 1666 en même temps que Jean de Matha, connu pour avoir joué un rôle déterminant à ses côtés ?

Saint Jean de Matha dut beaucoup voyager, d'une maison de la Trinité à l'autre, et en vue des nouvelles fondations. A-t-il confié le soin de Marseille, principale maison quant à l'œuvre du rachat, à un très proche collaborateur ? Une donation d'hospice un peu plus tard, en 1208, à Châteauneuf-les-Martigues, non loin de Marseille, renforcerait cette hypothèse car elle est faite à « Félix, ministre de la Maison de la Sainte Trinité à Marseille ».

Or Gaguin affirme que « les fondateurs de l'Ordre furent Jean de Matha et un ermite nommé Félix » et qu'ils passèrent « un long temps à Cerfroid à mener une vie de solitude », à la suite de quoi « ils se présentèrent au Pontife Romain ». On a vu en effet, dans le récit anonyme du XIIIe siècle, *Hoc fuit initium,* l'importance de Cerfroid et de la communauté d'ermites qui y vivait : ce fut la première maison de la Trinité.

Des narrations ou documents très antiques, bien que rapportées par des témoins plus récents, confirment la présence de « deux personnages » auprès du pape au moment de l'approbation de l'Ordre. Gaguin, par exemple, signale que le frère Thomas Loquet, ministre général de l'Ordre de 1337 à 1357, « fit placer des retables sur l'autel majeur de Cerfroid représentant la révélation de l'Ordre », précisant : « Ils s'y trouvent encore, quoique en mauvais état. » Or, on en a la description dans des dépositions certifiées datant de 1630, recueillies de témoins, visant à vérifier l'existence d'un culte immémorial des deux saints, nécessaire à leur canonisation. Ils figurent l'apparition de l'Ange[19] et les *deux* fondateurs ! Thomas Loquet fut religieux du couvent de Cerfroid et prêtre dès 1310, donc suffisamment près de la période de fondation pour qu'on puisse affirmer que cette tradition des cofondateurs remonte au XIIIe siècle.

Signalons plus tard une tradition en vers de frère Pierre Muguet, datant de 1444 et répercutant la tradition des « deux personnages ».

Il y a aussi le document signalé au XVIIIe siècle par Du Plessis, historien extrêmement fiable de l'Église de Meaux, selon lequel l'évêque et le Chapitre canonial de cette ville se déplaçaient à Cerfroid « le Dimanche de la Très Sainte Trinité et en la fête du Confesseur Félix, qui y repose comblé de mérites ».

Il semble donc probable que la communauté primitive des ermites de Cerfroid eût un guide qui, au moment de la rencontre de Jean de Matha, s'engagea tout particulièrement dans la fondation au point d'être vénéré comme cofondateur sous le vocable de Félix de Valois, élevé par l'Église à la gloire des autels.

---

[19] Dans l'iconographie trinitaire, on en vint à remplacer la figure du Christ Rédempteur par celle d'un ange opérant un échange entre les deux captifs, dans les scènes évoquant la première messe.

Le réseau se constitue

Peu après la fondation de Marseille eut lieu celle d'Arles, sans doute en automne 1199. La réputation du nouvel Ordre avait dû se propager, apportant espérance et soulagement. Les donations se multipliaient pour favoriser les rachats et beaucoup étaient attirés à partager l'idéal de vie de ces nouveaux religieux. En 1204, il y avait déjà huit maisons de la Trinité. Jean de Matha fut présent à la fondation d'Arles et aussi à un acte juridique conclu en 1203 avec l'archevêque Michel attribuant à la maison de la Trinité de cette ville, à l'instar de Marseille, une église et un cimetière.

L'Espagne était en butte à l'occupation musulmane. Nombreux étaient les captifs, à la suite des combats de reconquête. L'Ordre trinitaire s'y développa rapidement. Dès novembre 1201, un certain Pedro de Bellvis, de noble condition, donna à Jean de Matha en personne une tour, au lieu-dit Avingagna, près de Seros, dans la Province de Lerida. Un conflit s'éleva avec l'évêque du lieu qui réclamait une partie des droits cédés aux Trinitaires comme devant revenir au diocèse. En janvier 1204, Jean était de retour et acceptait sans réticence ce que désirait l'évêque, préférant la justice de la communion fraternelle à toute autre. Touché, l'évêque le confirma dans ses droits.

On n'a pas de traces des activités de notre saint pour l'année 1202. Mais 1203 le trouvait à Marseille. Le 21 mars, il reçut des comtes de Baux, princes d'Orange, l'exemption de tout impôt dans leurs états et l'assurance de leur protection. En octobre et décembre, on l'a vu, il s'occupa de l'extension des couvents de Marseille et d'Arles. De là, il partit régler le différend d'Avingagna. Entre temps, se soucia-t-il de rachats ? Y en a-t-il eu ? Y a-t-il participé ? Les développements de 1203 en sont-ils la conséquence ?

Visite au pape

En novembre 1203, à Arles, il avait pris l'engagement d'obtenir du Saint Siège l'approbation de l'accord conclu avec l'archevêque, ainsi que le stipule le texte même de la convention. Sans doute le prélat demandait-il au pape, devant l'influence croissante du nouveau groupe, une confirmation. Le voyage urgent de Lerida le contraignit à différer celui de Rome mais, tout s'apaisant tout de suite, on peut penser que dès janvier 1204 il se rendit en Italie. Le 10 juillet, le pape lui adressa une nouvelle bulle de protection en laquelle il énumère toutes les maisons en activité.

Proche-Orient ?

De nouveau, on reste sans nouvelles jusqu'en février 1206. Du moins lorsqu'on ne prend en considération que les documents datés de cette période.

Gaguin, en 1492, affirmait que le fondateur « avait le souci d'envoyer des religieux avec les princes chrétiens qui combattaient en Palestine afin qu'ils assistent spirituellement les soldats, prennent soin des blessés et rachètent les captifs. Or, du fait de ces œuvres de bienfaisance, l'Ordre prit de l'ampleur en de nombreux endroits».

En 1209, Innocent III dira que «désormais l'Ordre étend ses branches d'une mer à l'autre». Une bulle du pape Grégoire X du 30 décembre 1237 est adressée aux Trinitaires de Saint Jean d'Acre. Elle signale des maisons de la Trinité également à Césarée, Jaffa, Beyrouth et fait mention de donations du Roi Baudouin et de la reine Marie, décédée en 1212. Jean de Matha a-t-il prit part à ces fondations?

Consolidations et développements

On le retrouve en tout cas à Tolède en février 1206 où «Martin, archevêque de Tolède et primat d'Espagne, avec le consentement du Chapitre de la Cathédrale, confie à perpétuité au Fr. Jean, ministre de l'Ordre de la Sainte-Trinité, et à ses successeurs la gestion de l'hospice de la toujours bienheureuse Vierge Marie qu'il a fait construire dans le quartier français de la cité». Il est précisé que, les ressources de l'hospice n'étant pas celles des Trinitaires, la règle des trois parts ne doit pas être appliquée sans une permission expresse de l'archevêque.

Jean de Matha est-il resté en Espagne durant l'année 1206 et les années suivantes, étant directement à pied d'œuvre dans le rachat des captifs? Aucun document ne l'établit. On n'a trace que des fondations. Ainsi, le 14 mars 1207, toujours en Espagne, le Roi Idelfonse de Castille atteste que «la noble Dame Catalana a bien donné librement et sans reprise à Dieu Tout-Puissant et à l'Ordre de la Sainte-Trinité et des captifs ainsi qu'à vous frère Jean, le premier à être ministre du dit Ordre, tout ce qu'elle possédait et avait le droit de posséder » dans diverses localités aux alentours de Burgos. La donation a donc eu lieu dans le courant de l'année 1206, tout comme l'Église Sainte-Trinité de Ségovie et le couvent avec hospice de Burgos.

Jean de Matha semble être absent du nord de la France et demeurer pendant toutes ces années au contact des populations et des régions les plus touchées par la captivité, là où les demandes de fondation de maison de la Trinité étaient les plus abondantes. C'est ainsi qu'on ne signale pas sa présence dans les événements qui révèlent l'existence de communautés trinitaires à Paris :

– concession par l'évêque Eudes de Sully d'une chapelle à Renemoulin, d'ailleurs construite d'abord par les frères eux-mêmes (1202) ;

– difficulté avec les moines de l'abbaye Saint-Germain, près de laquelle se trouvait le couvent, à propos du droit de sonner les cloches pour attirer les fidèles, et donc les offrandes (1207).

On ne sait pas au juste quand les Trinitaires se sont installés à l'hospice Saint-Mathurin : sûrement avant mars 1228, date à laquelle l'évêque Guillaume d'Auvergne confirme l'état d'une controverse ayant précédemment éclaté entre « les frères de l'Ordre de la Sainte-Trinité et des captifs de l'hospice Saint-Mathurin à Paris, d'une part, et les moines de l'Abbaye Sainte-Geneviève, d'autre part ». Ce couvent parisien devait jouer un rôle important pour ceux qu'on allait finir par surnommer « Mathurins ». Dès le XVe siècle, le ministre général y résidera.

Jean de Matha, lui, poursuit son œuvre dans l'Europe du sud. Sinon comment expliquer la lettre de l'évêque de Ségovie, Gonsalvo, adressée au clergé et aux fidèles de son diocèse, pour recommander si chaleureusement les Trinitaires ? Il y souligne en substance la sainteté et l'utilité du nouvel institut, approuvé récemment par le pape, puis demande « aux abbés, prieurs, archiprêtres et autres prélats et clercs » d'accueillir avec bienveillance les Trinitaires qui se présenteront à eux, de les recommander aux bienfaiteurs, d'encourager les paroissiens à faire partie de leurs confréries et de faire chaque année une offrande pour leur œuvre de charité.

Nouvelle visite quinquennale

Frère Jean ne quittait pas beaucoup le front de la charité, mais en 1208 il dut se rendre à Rome, poussé par deux nécessités. Il ne s'arrêta même pas en France puisque la donation, cette année-là, d'un hospice à Châteauneuf-les-Martigues, près de l'étang de Berre, fut faite en son absence, on l'a vu, « à Félix ministre de la Maison Sainte-Trinité de Marseille » et que, de plus, il ne connaissait pas encore l'existence de cinq fondations supplémentaires dans le nord de la France au cours des années écoulées.

La première nécessité était, comme en 1204, de faire état devant le pape de la situation de l'Ordre, lui présentant la liste de toutes les maisons selon la chronologie de leur fondation et renouvelant sa demande de bénédiction et de protection. La réponse fut la bulle d'Innocent III du 21 juin de cette année-là, qui donne une idée précise du développement de l'Ordre et de l'itinéraire du saint.

La deuxième nécessité était la donation par Innocent III de l'hospice de Saint-Thomas-in-Formis, à Rome, dont il fera sa résidence principale. Dans les documents officiels, Fr. Jean ne sera plus désormais appelé serviteur de la maison de la Sainte-Trinité de Cerfroid mais serviteur de celle de Saint-Thomas-in-Formis. Ancienne abbaye, alors inoccupée, elle avait de très nombreuses dépendances. La bulle de donation du 12 juillet 1209 décrit celles-ci par le détail et les prend sous la protection pontificale.

« Nunc dimitis »

« Maintenant, ô Maître souverain, tu peux laisser ton serviteur s'en aller, en paix, selon ta parole. Car mes yeux ont vu ton salut, préparé pour tous les peuples » (Lc 2,29-32). C'est le chant de Siméon, à la Présentation de Jésus au Temple, le chant du serviteur fidèle, qui comme Paul a « combattu le bon combat » et « achevé la course » (2 Tm 4,7).

Il semble que Jean de Matha ait principalement résidé à Rome les quatre dernières années de sa vie. Il est directement cité en 1211, à l'occasion d'actes juridiques entre les Trinitaires et l'abbaye de Grottaferrata, en tant que « ministre de Saint-Thomas-in-Formis et de l'Ordre de la Sainte-Trinité et des captifs ». Et surtout lui seul pouvait diriger l'exécution de la mosaïque du portail d'entrée du couvent. Le contenu théologique et spirituel est trop riche et personnel pour que des artistes, certes bons exécutants, aient pu le formuler. Or on sait de façon précise que l'œuvre fut réalisée entre 1210 et 1213.

Jean mourut le 17 décembre 1213, quinze ans jour pour jour après l'approbation officielle de l'Ordre. Il fut enseveli le 21, dans la chapelle de Saint-Thomas-in-Formis. La pierre tombale porte cette inscription : « L'an de l'Incarnation du Seigneur 1198, la première année du Pontificat du seigneur Innocent III, pape, le 17 décembre, sur un signe de Dieu fut institué l'Ordre de la Sainte-Trinité et des Captifs par frère Jean sous une règle propre qui lui fut concédée par le siège apostolique. Ce même frère Jean est ici enseveli cette année du Seigneur (1213), le 21 décembre. »

Il sera canonisé en même temps que Félix de Valois par le pape Alexandre VII, le 21 octobre 1666.

Actuellement, les restes de saint Jean de Matha sont conservés à Salamanque, en Espagne, et la pierre tombale au musée archéologique de Madrid.

Tel fut ce géant de la vie spirituelle et de la charité.

Chapitre 4

LA VIE DES PREMIERS TRINITAIRES

Apostolat

A les voir arborant la croix rouge et bleue sur leurs vêtements, on aurait pu les prendre pour des croisés. Pourtant Jean et ses frères ne l'étaient pas, ou alors si différemment. Les croisades se sont étalées sur deux siècles, de 1096 à 1291. Même lorsque la motivation religieuse prévalut sincèrement, le désir de délivrer le tombeau du Christ des mains infidèles et de protéger les pèlerins releva de cet esprit d'affrontement qui caractérisait les rapports de la Chrétienté et de l'Islam, alors en guerre ouverte.

La présence de l'Islam, il est vrai, avait rompu l'unité politique, religieuse, commerciale et culturelle du bassin méditerranéen. Un florissant échange avait fait place à une menace continuelle, sans aucune perspective de coexistence pacifique.

Mais l'usage de la force, reconnu licite en cas d'agression injuste pour se protéger et éviter un mal plus grand, en plus de n'être pas l'idéal évangélique, donna lieu à un accroissement de tension et à des dérives morales importantes, malgré le contrôle des papes. Bien loin de poursuivre « les intérêts de Jésus Christ », la défense de la foi, de l'Église et du pauvre, plusieurs laissèrent libre cours à leur ambition, leur rivalité, leur cupidité.

Telle ne fut pas la croisade de Jean. Il revêtit la croix, certes. Lui aussi, comme les chrétiens de son temps, voulut accomplir une de ces bonnes œuvres qui ouvrait la porte du paradis mais quand il entendit l'appel de l'Évangile : « J'étais malheureux ou en danger, et vous êtes venus à moi » (Mt 25), il fut poussé non par la crainte, la superstition ou l'intérêt mais, en pleine maturité spirituelle, par un amour vrai du Christ et du pauvre, avec le souci sincère aussi du "frère-ennemi", on le verra. Rempli de l'esprit évangélique, il partit en croisade non pour prendre mais pour donner.

S'il constitua une *militia Christi,* elle fut toute morale et ascétique. En son siècle, devant les nécessités, surgirent des Ordres militaires. Eux aussi étaient des nouveautés, révélatrices du dynamisme qui traversait l'époque. Frère Jean imita leur organisation et leurs œuvres apostoliques d'hospitalité, fort bien adaptées à un objectif caritatif d'assistance à celui qui souffre, mais il ne voulut user que de moyens exclusivement évangéliques. Il fallait défendre et protéger le pauvre mais en se présentant « comme des agneaux au milieu des loups » (Lc 10,3). Une prière fervente, une vie religieuse toute de conversion et de communion fraternelle, un jeûne intense pour économiser les moyens du rachat, une humble et courageuse requête pour demander le soulagement et l'élargissement des souffrants, tels devaient être les moyens de libération.

Un détail illustre cet état d'esprit. Zacharie avait prophétisé : « Voici ton roi qui vient à toi, humble, monté sur un âne, le petit d'une ânesse » (Za 9,9) et Jésus employa ce signe des « anawim[20] » de Yahvé. Les frères s'interdirent alors d'utiliser le cheval, dont il est écrit : « Le cheval ne sert de rien pour la victoire, toute sa force ne permet pas d'échapper » (Ps 32,17). Ils ne voulurent que l'âne, figure évangélique, dont l'emploi symbolisait l'humilité, la douceur et l'abandon au salut qui vient de Dieu seul.

Comme tous les membres de la chrétienté de son époque, frère Jean voulut défendre la foi. C'était alors une nécessité extrême : du fait des guerres continuelles, des milliers d'esclaves gisaient dans les prisons ou sous le joug musulman, maltraités, arrachés à leur pays, à leurs proches. Un secours urgent s'imposait : comment laisser ainsi souffrir et mourir les frères ? Abandonnés, ils pourraient sombrer dans le désespoir. Ne risquaient-ils pas même d'apostasier la foi et par là de se perdre ? Plus que beaucoup, du fait de son expérience personnelle, on l'a vu, frère Jean fut sensible à cet état des choses. Il ne put rester inactif mais ne voulut intervenir que par la charité et en s'en remettant à la Providence.

De ce fait, son rapport à l'Islam fut « moderne ». Apparemment, rien de changé : on venait traiter, en position de faiblesse, avec un ennemi. En réalité, on s'inscrivait

[20] Mot hébreu qui signifie : « pauvres », « petits ».

déjà dans un rapport, une ouverture, un échange. Il est clair pour les historiens qu'une conséquence bénéfique des croisades fut de réduire le fossé culturel qui séparait les deux communautés, chrétienne et islamique. Le commerce méditerranéen ayant repris, au contact des civilisations grecque, arabe et juive, les occidentaux s'ouvrirent à quantité de disciplines, profanes et théologiques, qui nourrirent leur développement culturel au XIIIe siècle. Jean de Matha fut de plain-pied dans cette nouvelle réalité socio-politique, simplement parce qu'il voulut vivre autrement la croisade, la défense de la foi.

Ce rapport nouveau s'inscrivit au cœur même de sa pratique : il ne voulut pas faire seulement le rachat des captifs chrétiens mais aussi l'échange des captifs, chrétiens et musulmans. Une lettre du pape Innocent III, destinée au Roi du Maroc et accompagnant les tous premiers voyages de rédemption, au printemps 1199, est très éclairante sur ses intentions. On y lit : « Certains, parmi lesquels figurent les porteurs de ces lettres, enflammés par un feu divin, ont conçu une règle de vie et un Ordre selon lesquels ils doivent employer le tiers de toutes leurs ressources, présentes et à venir, à la rédemption des captifs. Afin de pouvoir plus facilement atteindre cet objectif, attendu que souvent les rédemptions sont plus faciles par le moyen de l'échange que par celui du rachat, on les a autorisés à racheter les captifs païens des mains des chrétiens afin de les échanger ensuite. Quant au reste, cette œuvre étant éminemment profitable aussi bien aux chrétiens qu'aux païens, nous la recommandons par ces lettres. »

On voit ici que, même si l'échange monétaire jouait déjà un rôle important, l'échange « en nature » demeurait souvent plus pratique et courant dans la société d'alors. Frère Jean profita du neuf et du vieux : les rachats d'esclaves pratiqués avec les moyens modernes de l'époque mais aussi le troc primitif grâce auquel il put aller plus loin encore dans l'accomplissement de son projet, faisant d'une pierre deux coups. Non seulement, il soulageait le frère mais encore l'ennemi, en lequel il ne voyait déjà plus qu'un frère. Qui sait s'il ne luttait pas déjà plus ou moins consciemment contre l'esclavage en tant que tel, l'abolissant simultanément sur les deux rives, alors opposées, de la Méditerranée ?

En tout cas, loin d'être une impasse, cette façon à la fois humble et positive de voir en l'autre un frère – même menaçant et source de graves problèmes – ouvrit la voie à la « modernité » : sur une base encore ancienne, conflictuelle, s'établissait le début d'une relation renouvelée.

Vie consacrée et vie nouvelle

Jean de Matha fut un homme de la deuxième partie du XIIe siècle et de la première décennie du XIIIe, celle qui vit aussi surgir saint François et saint Dominique. Il bénéficia donc en plein du mouvement qui avait lancé en avant son temps et son Église, dès leur début, avec saint Bernard (1090-1153), les chanoines réguliers vivant sous la Règle de saint Augustin, les Ordres militaires, les mouvements de pauvres. Ne partant pas de zéro, il put aller plus avant dans l'innovation.

Des chanoines réguliers, il reçut la vie conventuelle et la *cura animarum*, le soin des âmes : l'Ordre trinitaire fut surtout un Ordre de prêtres. Les Hospitaliers l'inspirèrent par leur engagement dans les réalités sociales et leur organisation, eux qui s'établissaient dans toute la chrétienté, sans tenir compte des particularismes féodaux mais en se mettant directement sous la dépendance du pape. Des mouvements de pauvres enfin, des érémitismes aussi, fréquents à son époque, il hérita d'un sens passionné de la simplicité, de l'humilité, de la pauvreté évangéliques.

Mais dans la constitution de la communauté et son organisation se manifeste un « processus de modernité », de passage de l'ancien au nouveau, nouveau à partir de l'ancien. Ce qui est apparu pouvait sembler se rattacher au passé. Pourtant, c'était déjà d'un autre ordre. Ainsi, de la vie religieuse, et plus précisément de la règle de saint Augustin, Jean reçut l'essentiel : ne rien avoir en propre ; une totale égalité entre tous ; l'obéissance au supérieur ; la chasteté ; l'humilité ; l'ascèse ; la prière commune [21]. Entre ses mains, la vie consacrée resta la même. Et pourtant elle devint différente.

Les moines furent-ils, depuis le haut moyen âge, ferment de vie sociale par leur grands monastères, refuges et foyers de civilisation, soutiens du développement agricole, points d'appui de l'organisation politique, secours des

[21] Dans la règle de vie trinitaire, les vœux de religion sont précisés : obéissance, chasteté et pauvreté. C'était, à l'époque, une innovation dans la formulation. On ne faisait alors que, globalement, vœu « de conversion des mœurs ».

nécessiteux ? Les frères, tout aussi réellement, continueront cette œuvre, différemment : ils seront partie prenante de la civilisation nouvelle, avec leurs petites communautés de sept membres immergés au cœur des villes, où l'avenir se jouait, que frappait cruellement la misère et d'où partaient les réseaux menant aux marchés d'esclaves.

Les moines, au XIIe siècle, vivaient-ils des revenus de la terre, alors seule source de richesse ? S'inscrivaient-ils pleinement dans la division de la société en trois « Ordres », ceux qui priaient et étudiaient, ceux qui combattaient et protégeaient, ceux qui travaillaient la terre et nourrissaient ? Faisaient-ils vœu de stabilité dans un monde où la stabilité était correspondance à un ordre divin ? Des mouvements de pauvres et des changements qu'ils suscitèrent, Jean reçut son style de vie.

La société était-elle entièrement féodale ? Il y avait une autre structure de référence, toute aussi prégnante, la chrétienté, encore une, avant l'émergence des consciences nationales. Dans les universités naissantes, on accourait de toute l'Europe. Elle avait un chef qui, en la personne d'Innocent III, atteignait un haut sommet de l'histoire de la papauté. On pouvait se placer sous la protection de saint Pierre, manifestée par son successeur. C'était la protection suprême, que demanda Jean de Matha. Geste bien de son siècle et pourtant déjà d'avant-garde, de ceux qui font sortir l'histoire de son passé : en s'affranchissant des dépendances locales, on dépassait l'époque. Les frères, plus tard, s'ils recoururent aussi à la protection des seigneurs locaux, préférèrent souvent s'installer en ville, où les mouvements municipaux favorisaient la « franchise » (la liberté) et la tutelle des rois délivrait de celle des féodaux.

Mouvement de pauvres et d'Évangile

Les mouvements de pauvres eurent au XIIe siècle un retentissement considérable. Ils trouvèrent leur épanouissement en saint François d'Assise et ses frères mineurs, dont la règle de vie fut approuvée par Innocent III en 1209. Mais avant cela, ils connurent toutes sortes de péripéties, jusqu'à tomber parfois dans l'hérésie.

François, quant à lui, voulut au cœur de l'Église, qu'il aimait de l'amour même de son Seigneur, rénover, assainir, reconstruire, ramenant à l'idéal évangélique tout pur, qui le transportait lui-même. Il réussit.

Bien souvent, au contraire, les mouvements de pauvres furent une contestation de la société établie qui alla s'endurcissant au fur et à mesure que cette société faisait la sourde oreille et réagissait avec un égoïsme renouvelé. Ils en vinrent parfois à contester la fidélité de l'Église à l'enseignement du Christ et développèrent des thèses hérétiques.

Il est vrai que le christianisme avait pris une telle place dans le haut moyen âge, qu'évêques et abbés étaient devenus de très grands propriétaires terriens, parfois même comtes et seigneurs de cités entières. La puissance, la sécurité fondée sur des moyens humains, la simonie (achat de charges ecclésiastiques), le laisser-aller moral étaient coutumiers. Un tel éloignement de la vie évangélique provoqua une réaction.

La seconde moitié du XIIe siècle, précisément, vit la

multiplication dans toute la chrétienté des ermites, prédicateurs itinérants, moines ou laïcs, sans toit, sans réserve pour le lendemain, sans tunique de rechange, comme Jésus de Nazareth et les premiers disciples. Ils n'avaient qu'un désir : suivre le Christ de plus près. C'était l'esprit de la réforme grégorienne, suscitée un siècle plutôt par Grégoire VII (1073-1085) et qui aboutit en particulier au renouveau du monachisme occidental, au sein du mouvement cistercien. Mais la richesse et le pouvoir restaient trop présents. Les mouvements de pauvres réclamaient une pauvreté communautaire, une vie ecclésiale humble, fondée sur le travail manuel et la Providence, entendons la mendicité, selon les enseignements de Jésus : « Ne vous préoccupez pas de ce que vous mangerez, de ce que vous boirez, de ce dont vous vous vêtirez. Regardez les oiseaux du ciel… Recherchez le règne de Dieu et sa justice ; tout le reste, il s'en occupe » (Mt 6,25). Beaucoup de ces humbles furent comme le grain de blé tombé en terre. Apparemment, les institutions résistèrent à leurs appels. François lui-même, en son désir profond, ne connut-il pas l'échec ? Mais par la fidélité, vécue dans l'espérance, à l'amour de l'Église, ils portèrent un fruit vital : l'aspiration à la pureté évangélique des origines, à la pauvreté de Jésus de Nazareth, n'a cessé depuis d'animer en profondeur et de rénover le peuple de Dieu.

Ces mouvements des humbles ont beaucoup contribué à donner à la règle trinitaire sa couleur caractéristique. Ce qu'on y lit, il est facile à un historien de le vérifier, est en consonance directe avec leurs aspirations, et celles des tendances érémitiques :

« – *[…] leurs vêtements seront de laine non teinte ;*

– […] ils dormiront dans la laine et n'auront chez eux ni matelas de plume ni oreillers, si ce n'est pour les malades ;

– […] qu'aucun frère ne reste sans charge, s'il est possible et, si quelqu'un peut travailler et refuse de le faire, on le priera de quitter les lieux car l'apôtre a dit : si quelqu'un ne veut pas travailler, qu'il ne mange pas non plus ;

– […] ils ne prêteront aucun serment, sauf en cas d'absolue nécessité et avec la permission du serviteur, si c'est pour une digne et juste cause ;

– […] ils n'accepteront pas d'intérêts ou de gages ;

– […] si, lors d'une vente, on sait que l'objet comporte un défaut, on aura soin de l'indiquer à l'acheteur ;

– […] si quelqu'un cause un dommage matériel à la communauté et qu'il convienne de le mener devant un tribunal, on ne fera rien sans lui avoir d'abord charitablement parlé, en premier lieu en présence des frères puis en présence des amis et voisins », ainsi que le demande Mt 18,15, la seule règle suivie étant celle de l'Évangile.

Un point attire particulièrement l'attention. Jean de Matha fit préciser : « *Chaque soir, on priera ensemble pour le bonheur et la paix de la Sainte Église Romaine et de toute la chrétienté, ainsi que pour les captifs, pour ceux qui nous font du bien, pour tous ceux pour lesquels l'Église universelle a l'habitude de prier.* » Les frères voulaient se situer au cœur de l'Église et peut-être sentaient-ils le besoin de se démarquer de certains mouvements en réaction contre l'Église, précisément parce qu'ils en étaient proches ?

Quoi qu'il en soit, ils partageaient intensément l'aspiration évangélique du moment. Pour Jean de Matha, la

« maison de la Trinité » est une communauté de frères entre lesquels *« la charité doit être telle qu'ils ont en commun la nourriture, le vêtement, les lieux de repos et de repas, la table* [...] *les malades auront un lieu spécial pour manger et dormir et on consacrera un frère à leur service, qui leur procurera, comme Dieu le veut, tout ce qui leur faut »*. Les frères vécurent dans la pauvreté, de leur travail et de l'aumône, ne gardant pour eux que le tiers de ce qu'ils recevaient, partageant le reste avec le pauvre et le captif. Ils jeûnaient fréquemment pour pouvoir pratiquer ce partage et se refusaient absolument à acheter de la viande pour éviter une forte dépense. Se mêlant au commerce international, ils se protégèrent par leur règle de vie de l'esprit mercantile, matérialiste, de la bourgeoisie naissante des villes, égoïsme qui remplacera peu à peu celui des féodaux. Bien loin des relations de pouvoir et d'autorité de l'époque, un esprit de commune responsabilité, de communion fraternelle, de dialogue unit les frères autour, non d'un supérieur, mais d'un « serviteur ».

Huit siècles

En 1586, il y avait en France six Provinces trinitaires qui se répartissaient ainsi les maisons : 12 en Ile-de-France, 11 en Champagne, 14 en Picardie, 14 en Normandie, 11 en Languedoc et 9 en Provence [22]. En Espagne, sous occupation musulmane jusqu'au XVe siècle, il y eut de nombreuses maisons : 61 en 1586 et une vitalité qui ne s'est pas

[22] TH. KNECHT, *Les Trinitaires – Huit siècles d'histoire.*

démentie au siècle suivant, puisque qu'apparurent 30 nouvelles fondations. L'Angleterre, le Portugal, l'Italie, et, plus tard, la Pologne et le Saint Empire, virent aussi naître et s'épanouir l'Ordre trinitaire, partout où les besoins étaient grands de charité rédemptrice, de vie évangélique et de libération.

L'Esprit, qui avait fait naître ce charisme de l'Église, veilla à le raviver et le purifier sans cesse. Il suscita de nombreux efforts de réforme, dont le plus merveilleux fut celui de saint Jean-Baptiste de la Conception, en Espagne, à la fin du XVIe siècle. Mystique, maître en spiritualité, ce grand saint sut redonner à l'Ordre le dynamisme de ses origines, le ramenant à l'esprit et à la Règle primitive de Jean de Matha, dans toute sa ferveur. Il imita son fondateur en allant lui aussi mettre sa réforme sous la protection du pape, alors Clément VIII.

Dès l'origine, de nombreuses communautés féminines et des associations de laïcs participèrent à la vie et à la grâce des frères. Allant du soin des pauvres à la contemplation du Mystère de la Foi, elles furent un merveilleux ferment, dans l'Église, le monde et la famille spirituelle de Jean de Matha.

Le XIXe siècle verra l'Ordre durement frappé de tout côté par les événements politiques. Cela ne l'empêchera pas de développer une activité missionnaire en Somalie, dans les pays du Nouveau Monde, puis à Madagascar, et jusqu'à, de nos jours, l'Inde, la Corée et l'Europe centrale.

« Il comble son Bien-aimé qui dort » (Ps 127,2). La Providence veillait, voulant toujours vivante sa maison des Captifs et de la Trinité, donnant vitalité sans cesse renouvelée, et un signe : Cerfroid, le berceau, conservé dans sa main, au détour d'épisodes qui laissent désormais découvrir leur secret, percer le doigt de Dieu, une leçon d'espérance et de fidélité, Religieuses trinitaires qui surent persévérer jusqu'au retour des frères il y a peu d'années.

Regard

« Je demeure ébahi devant ce que vous représentez d'histoire », disait Paul VI aux Trinitaires.

Qui aime l'homme aime l'histoire. L'histoire est celle des hommes. Destinées uniques et pourtant si proches que l'on peut passer de l'une à l'autre, naissances, faims et soifs, larmes, efforts, mort, toujours si pleines de l'homme, où le rire et la chaleur tiennent place au cœur même du drame partagé de Caïn et Abel.

Aux optimistes qui ne voient pas l'obscurité et aux saints pour qui « la nuit est comme le jour », il est donné d'y percevoir la longue marche de l'humanité se construisant, chantier du Royaume avec ses accidents. Marches et combats qui sont ceux d'une rencontre : la chair et le sang aspirent à être sublimés, n'atteignant leur vérité que symboles de l'esprit. Sauf désespoir, aucune épaisseur, aucune régression, n'étouffe jamais ce souffle : chacun, sans cesse, veut devenir parole.

Vie à vie, l'histoire ainsi se tisse, esprit incarné ou corps spirituel, incommensurable richesse qui ne provient pas de la juxtaposition du nombre mais de la profondeur de l'un. Un homme renvoie à plus que lui-même, à un

« mystère », richesse insondable que l'on ne peut « saisir » mais seulement « comprendre », prendre avec soi, emporter et laisser agir.

L'histoire devient mystère par le mystère humain qu'elle porte mais qui la porte. On la doit conserver et laisser distiller en soi la vie. Comme l'homme, elle est de l'ordre du sacrement, mode de communication par symbole de l'absolu au relatif, acte dans l'espace et le temps qui renvoie aux profondeurs que le ciel et la terre ne peuvent contenir et qui, vitales, pourtant se communiquent.

Actif, le symbole donne ce qu'il signifie à celui qui reçoit. Ainsi l'histoire est symbole pour qui l'écoute : elle parle mais aussi constitue, humus en lequel est façonné celui qui entend car il reconnaît les éléments de sa propre vocation. L'histoire fait devenir histoire qui est à son école. Et, comme tout sacrement, elle est viatique : sa connaissance et son assimilation sont nourriture et remède pour la route.

Il en est ainsi car les profondeurs de la vie auxquelles, sacrements, renvoient l'homme et l'histoire, sont celles de Dieu. Le sacrement en vérité est mode de communication du divin au créé et la longue marche des hommes est en fait celle de « Dieu-avec-nous », histoire de vies humaines devenue parole de Dieu, marche d'un peuple qui renvoie au Royaume. L'histoire devient Église.

Paul VI, d'emblée, avait vu l'essentiel : regarder l'histoire de Jean de Matha, c'est aimer l'humanité, être attentif à ses routes, à son ascension, y reconnaissant Dieu qui parle aujourd'hui, ses desseins révélant ses appels. C'est accueillir le Sacrement, Dieu fait histoire, et le laisser agir : « Sa mère gardait toutes ces choses et les méditait dans son cœur (Lc 2,51) ; qu'il me soit fait selon ta Parole (Lc 1,38). » C'est garder – en cela consiste la foi – l'histoire, habitée par la Parole, pour la laisser agir et la rejoindre.

Recevons l'histoire de frère Jean et de ceux qui l'ont suivi. A travers elle, c'est la parole divine qui se communique, vivante, active. C'est *notre* histoire, que nous reconnaissons, qui se communique à nous, dans laquelle nous entrons, en écrivant de nouveaux chapitres.

Deuxième partie

CAPTIFS ET RÉDEMPTEURS

On trouvera reproduite ici la relation d'un voyage de rédemption en Afrique du Nord, au début du XVIIIe siècle.

A travers elle, la spiritualité des Rédempteurs se laisse entrevoir. On prend la mesure de ce que représentait leur apostolat, on perçoit ce qui animait Jean de Matha… et anime les Trinitaires d'aujourd'hui.

Ce récit a été publié pour la première fois à Paris en 1726. Il n'est pas reproduit ici intégralement. Par endroit, on a supprimé ou interverti des paragraphes, modifié certaines expressions, l'orthographe ou le vocabulaire. On a ajouté les sous-titres, références à l'Exode et aux Psaumes.

On remarquera que ce furent les ministres (supérieurs) qui opérèrent la rédemption, ambassadeurs des autres frères demeurant au couvent, qui les soutenaient par leur vie toute consacrée, leur prière, leur charité, leurs aumônes.

On découvrira la réalité, à l'époque, de la captivité, les rapports entre nations et ce que représentait pour la société l'œuvre de la rédemption.

Ceux qui ont vécu cette histoire aujourd'hui prient pour

nous. Quel poids énorme de présence, de grâce ! Faire mémoire, c'est rencontrer cette grâce, s'enraciner dans ce passé vivant pour vivre plus pleinement aujourd'hui le même dynamisme.

L'histoire, sanctifiée, est une psalmodie, sans cesse présente...

Relation en forme de journal du voyage pour la rédemption des captifs, aux royaumes de Maroc et d'Alger, pendant les années 1723, 1724 et 1725, par les pères Jean de la Faye, ministre de la maison de Verberie ; Denis Mackar, ministre de celle d'Huy (pays de Liège) ; Augustin Darcisas, ministre de celle de Montpellier ; Henri Le Roy, ministre de celle de Bourmont ; députés de l'Ordre de la Très Sainte Trinité.

« Fais lever sur nous la lumière de ta face... » (Ps 4,7)

Ce n'est pas assez de remplir ses obligations dans l'exercice d'un service public, où la charité des fidèles a le plus contribué. Il faut encore en rendre compte. Le rachat des captifs chrétiens détenus par les peuples barbares est si touchant que nous avons cru à propos de faire une relation abrégée du voyage entrepris sous les ordres et la mission du révérendissime P. de Massac, notre général.

Perte de la liberté, détention forcée dans un pays étranger, éloignement de la famille, esclavage de génération en génération si l'on est marié, travail infructueux pour eux-mêmes : tel est leur lot. Les forces diminuant avec l'âge, leur inutilité rendra le patron disposé à leur accorder la liberté à un prix modique, mais pour retomber alors par leur indigence dans une misère nouvelle, jusqu'à la mort.

Un auteur moderne a écrit dans son *Histoire du royaume d'Alger* qu'ils n'étaient point si malheureux ! Ne compte-t-il pour rien les dangers des vices que trop familiers d'une nation qui les tient esclaves ; où le nom chrétien est en horreur ; où l'on croit l'âme susceptible des passions du corps après le décès, l'éternelle félicité n'étant qu'une égale facilité à les satisfaire ?

Et quand le patron auquel il appartient ferait sa consolation par de bons traitements et la confiance dans ses affaires domestiques, la pensée du mal faisant la douleur, celui qui se voit éloigné sans liberté peut-il ne pas se sentir malheureux ? De plus, a-t-il la moindre assurance qu'il ne changera pas de maître ? La crainte de retomber dans le mal où sont ordinairement plongés tant d'autres ne peut qu'affliger l'âme et rendre malheureux !

De toutes façons, l'Église a toujours mis au nombre des saints martyrs ceux qui sont morts en exil pour la foi dans un pays chrétien. Des chrétiens captifs dans un pays infidèle n'ont-ils pas plus à souffrir ? La piété des fidèles nous a paru si portée à les secourir !

Chapitre 1

« J'AI ENTENDU CRIER MON PEUPLE... » (Ex 3,7)

« Il entend ma voix suppliante... » (Ps 116,1)

Depuis l'année 1720 que nos pères étaient revenus d'Alger et de Tunis, où ils avaient racheté plus de 100 captifs, notre Père général, bien instruit que ceux du royaume du Maroc souffraient infiniment davantage, prit le dessein d'y envoyer encore une fois des religieux, quoiqu'il connût les difficultés, la perfidie, l'insatiable cupidité de ceux dont il faut se servir pour arriver jusqu'au Roi et faire exécuter ses promesses.

Ses espérances de réussir étaient fondées sur des lettres des esclaves, principalement sur celles du sieur Meuve, faisant fonction de Consul de la nation française à Tetouan. Elles disaient qu'il avait lieu de croire que le prince était disposé à traiter de leur liberté, précisant qu'il y en avait un grand nombre, accablés par les travaux, mal nourris, mal vêtus et sans les secours nécessaires dans leurs infirmités, maltraités lorsque leur travail ne répond pas à l'extrême diligence qu'on en exige.

Les chrétiens captifs au royaume du Maroc appartiennent tous au Roi qui n'accorde presque jamais leur liberté que quand ils sont invalides. Et encore exige-t-il pour cela des sommes exorbitantes ! On verra que pour 6 000 piastres nous n'avons pu en retirer que 15.

Pressé par les instances de ces pauvres malheureux, après avoir fait ramasser les aumônes de nos confréries, les quêtes en différentes provinces et ce qui provenait des maisons de l'Ordre, notre Père général se décida à nous donner son mandement, sur le choix qui avait été fait de nous dans nos chapitres provinciaux.

Nous y étions portés depuis longtemps par un vrai désir de remplir les obligations de notre état et nous avons regardé ce choix comme un effet de la bonté de Dieu qui nous mettait dans une heureuse occasion de purifier nos âmes par les peines, les dangers et les contradictions que nous aurions à supporter dans un pays où nous savions celles que nos prédécesseurs y avaient endurées – avec peu de fruit – pour la délivrance des captifs. Au moins espérions-nous soulager leurs maux par notre présence et les secours que nous pourrions donner manuellement à ceux que la dureté du Roi ne voudrait pas mettre en liberté, l'éloignement, le peu de correspondance de notre royaume avec celui-là, faisant perdre quelquefois ce qui leur était envoyé.

« Tu m'as ouvert l'oreille... » (Ps40,7)

Notre Père général obtint du Roi le passeport nécessaire. Il fit venir à Paris ceux d'entre nous qui étaient dans les provinces pour lever les aumônes et en connaître le produit. Nous devions recevoir ce montant à Cadix par lettres de change, pour y convertir le tout en piastres dont le Roi du Maroc ne reçoit que les plus pesantes [23].

Notre Père nous exhorta d'accomplir dignement notre mission, de nous armer non seulement d'une foi vive et pure pour soutenir et fortifier celle de nos frères captifs mais aussi d'une grande patience dans les longues contradictions qu'il prévoyait bien devoir nous arriver. Il nous dit de nous attirer les faveurs du ciel par le bon exemple, de ferventes prières, l'assiduité aux devoirs de la religion ; de souffrir avec douceur le mépris que nous pourrions essuyer dans la rencontre des méchants et des incrédules ; de regarder les insultes des infidèles avec qui nous devrons nous trouver comme des épreuves de la miséricorde de Dieu, qui bénirait notre ouvrage à proportion des tentations auxquelles nous serions exposés ; de n'envisager, en ramenant nos captifs après leur délivrance, que l'exercice de notre profession sans en attendre la gratitude qui, quelquefois, se trouve suspendue par le peu de sentiment d'une éducation grossière et maritime. Il nous donna sa bénédiction avec les oraisons accoutumées.

Il envoya l'un de nous, le P. Le Roy, au Havre de Grâce s'assurer d'un bateau pour notre embarquement. Celui-ci convint d'un prix avec M. Eustache, négociant pour nous faire conduire à Cadix et nous en donna avis.

---

[23] Celles qu'on appelle « mexicaines », qui valent quatre livres dix sols, argent de France.

« Conduis-moi sur une bonne route... » (Ps 27,11)

Nous partîmes de Paris le 16 Août 1723. Nous nous rendîmes à Rouen, dans la maison de notre Ordre. Nous y trouvâmes le P. Philémon de la Motte, qui devait nous aider de ses avis, parce qu'il avait fait deux fois le voyage de Barbarie, le premier en 1700, le second récemment en 1719. Le P. Le Roy avait aussi pris ceux du P. Busnot, religieux de la maison de Lisieux, qui avait fait le voyage du Maroc en l'année 1704 et une seconde fois en 1712. L'expérience de ceux qui ont été à l'épreuve est d'un grand secours. La Providence attache une bénédiction aux démarches de ceux qui sont toujours prêts à suivre les conseils.

Comme nous n'avons point de maison de notre Ordre au Havre et que, de Rouen, nous n'en étions éloignés que de deux petites journées, nous y attendîmes jusqu'à ce que tout fût prêt pour notre embarquement. C'était la dernière de nos maisons de France où nous devions faire séjour.

Le 27, sur l'avis qu'on nous avait donné de partir, après avoir célébré la sainte messe, nous récitâmes avec la communauté les prières des voyageurs, pour obtenir du Seigneur un vent favorable dans notre traversée. Nous reçûmes la bénédiction du Saint Sacrement à la vue du Peuple en grand nombre, qui joignit ses prières aux nôtres. Nous partîmes. Le P. de la Motte nous accompagna jusqu'au Havre.

Nous y arrivâmes le 28. Nous eûmes encore assez de temps à y séjourner pour recevoir près de quarante pistoles d'aumônes de plusieurs personnes charitables de la ville chez qui des ecclésiastiques et des bourgeois nous avaient menés, après l'exhortation qu'avait faite au prône M. le curé de la paroisse.

« Voici la mer, grande et vaste de tous côtés... » (Ps 104,25)

Nous embarquâmes le 9 septembre au soir sur le vaisseau nommé *Le Saint-Joseph fleurissant,* armé de seize canons et de trente hommes d'équipage, appartenant à M. Lée, de Marseille. M. de la Croix Tanquerey, capitaine de vaisseau, nous était venu avertir une demi-heure auparavant de nous y rendre. Nous étions chez M. Solo, trésorier des troupes, où nous devions souper. Il fallut tout quitter pour aller soumettre les premiers actes de notre obéissance aux caprices des vents. Nous étions dans la chaloupe à huit heures et nous arrivâmes à neuf heures à bord du bâtiment. Avant d'arriver au vaisseau, la chaloupe avait exigé de deux d'entre nous le tribut de la mer. Nous ne nous étions pas attendu de le payer sitôt d'autant moins que, n'ayant pas soupé, il ne nous paraissait pas juste de nous demander ce que nous n'avions pas reçu. Cependant, il restait le troisième pour secourir les deux autres. Après qu'ils en furent quittes, son tour arriva sur le vaisseau.

On leva l'ancre le 10, à une heure et demi du matin et, gouvernés au nord-ouest-quart-ouest jusqu'à huit heures, nous faisions deux lieues par heure, jusqu'à midi que nous aperçûmes la côte d'Angleterre ou l'île de Wright, ayant déjà fait vingt-deux nœuds de notre route. Le

P. Darcisas se trouva assez tôt soulagé du mal de mer pour dire la messe le samedi. Nous continuâmes tous les jours l'un après l'autre, souvent tous trois, de célébrer les Saints Mystères.

Le 12, qui était un dimanche, la mer fut assez calme pour donner le temps à tout l'équipage d'entendre la messe. La nuit précédente, nous avions assez bien reposé. Le P. Le Roy, qui avait été le dernier attaqué et le dernier guéri, commença à reprendre des forces. Il nous aida à chanter les vêpres après le dîner. Le vent continua d'être favorable et, dimanche à midi, nous avions déjà fait quarante-huit lieues depuis notre départ du Havre. La nuit suivante, le vent nous fit voguer comme le jour d'auparavant mais avec beaucoup de roulis qui contribuèrent à la rechute du P. Le Roy. Il demeura dans un grand étourdissement qui lui ôtait tout appétit. Cependant, le vent nous poussait toujours plus vite. Nous étions alors en pleine mer. Nous n'avions plus de Manche à craindre. Nous vîmes comme les jours précédents plusieurs vaisseaux.

Notre capitaine ayant fait changer de voiles dès le soir fit prendre le vent d'est pour voguer au plus large. Nous allions si bien et si doucement qu'il nous semblait être dans une barque sur la rivière la plus tranquille, tout en allant deux lieues par heure. Nous n'aurions rien eu à désirer ce jour-là si le P. Le Roy eût été en parfaite santé, comme les deux autres, qui mangeaient une fois plus sur mer qu'ils n'en avaient coutume sur terre. En disant la messe, nous ne nous aperçûmes pas que nous étions sur un élément si peu docile.

Nos matelots avaient pris le même soir un marsouin

pesant deux quintaux, qui font deux cents livres. Il se présentait fort à propos pour nos quatre temps qui devaient commencer le lendemain.

Le P. Le Roy se trouva mieux sur le soir mais il survint presque en même temps au P. de la Faye une petite fluxion au-dessous de l'œil droit. L'ayant négligé, il fut obligé le lendemain à son lever d'y mettre une emplâtre, si bien que quand l'un de nous se retrouvait en santé, il y en avait un autre qui clochait.

Nous étions quasi dans le calme, qui continua encore le 16. Nous ne faisions pas dix lieues en vingt-quatre heures. Ce n'était pas le moyen d'arriver à Cadix sitôt que nous l'avions espéré. La fluxion du P. de la Faye ne faisait pas grand progrès et, comme il sentait de vives douleurs, notre chirurgien major craignit une érésipèle. Cependant l'humeur se dissipa, le malade fut dispensé de la saignée.

Le 17, le vent devint contraire. Les roulis recommencèrent, de façon à nous causer des maux de cœur. Nous ne fûmes pas en état de dire la messe. Un peu de pluie, beaucoup de vent : nous n'avions pas encore vu les flots si agités. Notre vaisseau presque toujours renversé, tantôt d'un côté, tantôt de l'autre, nos matelots n'en étaient pas fort étonnés, l'habitude étant pour eux, et pour nous la peur.

Le 18, le vent changea. Nous l'eûmes quelque temps en poupe mais il n'y resta pas assez. Le temps fut brouillé jusqu'à minuit. Le P. de la Faye ne sentait plus de mal. Son courage et sa fermeté, malgré son âge avancé, n'en diminuaient point. C'était lui qui nous fortifiait à tenir contre les frayeurs. Son appétit en donnait aux autres. Il avait pourtant perdu deux dents en deux jours différents mais sans douleur. Notre P. Le Roy n'était pas si bien. Le P. Darcisas célébra la messe. La mer était un peu enflée : quelque fois une petite brise, quelque fois calme et quelque fois bon frais. On ne vit guère, en un même jour, un temps plus incertain.

Depuis notre embarquement, nous avions exhorté les officiers, passagers et matelots de s'approcher des sacrements. Le dimanche 19, dès le matin, ils s'y trouvèrent disposés. Le capitaine se confessa et plusieurs de l'équipage. Ils communièrent à nos messes. Ils eurent aussi la dévotion de prendre le scapulaire de notre Ordre, pour être plus unis avec nous aux prières qui s'y font et participer aux indulgences de la rédemption des captifs.

A six heures du soir, on aperçut un assez gros bâtiment, environ à deux lieues de nous, tenant notre même route. On le supposa saletin (de Salé, ndlr). Aussitôt notre capitaine donna ses ordres pour le bien recevoir. Il disparut pendant la nuit parce que nous faisions trois lieues par heure par un vent nord-est. A la pointe du jour, nous aperçûmes le cap Finistère. Nous vîmes plusieurs gros poissons qu'on nomme « souffleurs ». Nous vîmes aussi les terres du Portugal. Le vent s'était modéré et le ciel éclairci. Nous avions fait cinquante lieues dans les dernières vingt-quatre heures, au dire de nos officiers.

Le 20, nous fûmes tous trois en état de dire la messe. Le bon exemple de notre capitaine invita plusieurs autres encore de se confesser, d'y communier et de se mettre de la confrérie, ce qui nous occupa depuis quatre heures du matin jusqu'à neuf. Plus de vingt personnes ce jour-là et la veille donnèrent aux autres cet exemple de piété.

Nous commencions à sentir les chaleurs du climat. Nous avions vu quantité de marsouins qui formaient leur marche, comme un bataillon, ce qui est ordinaire à cette côte du Portugal. Le 21, nous fîmes encore de nouveaux confrères de notre Ordre. Ils assistèrent à nos messes et y communièrent après que nous les ayons entendus en confession.

A neuf heures du matin, on vit un petit bâtiment devant nous. On ne savait ce qu'il était. On se mit en défense. On en vit un second, toujours sur nos gardes. Le nôtre allait bon train, côtoyant les terres du Portugal que nous voyions depuis plus de trois heures. Nous n'étions qu'à dix lieues de Lisbonne. Nous espérions dans le même jour, ou le lendemain, voir le cap Saint-Vincent qui n'est éloigné de Cadix, selon la carte que de quarante-cinq lieues. On apercevait déjà celui de la Roque. Le vent régnait toujours entre le nord-nord-est et le nord.

Le 22, nous eûmes la joie chrétienne de voir quasi le reste de nos matelots se confesser et communier. Quelques-uns s'étaient même disposés à une confession générale.

La cap de la Roque nous restait à environ sept lieues à l'est. Nous vîmes le cap Saint-Vincent mais nous ne pouvions voir les hautes montagnes parce qu'elles étaient embrumées. A neuf heures du matin, nous avions le cap Saint-Vincent au sud-est à une lieue et demie ; à dix heures et demie, la pointe du Sagre au nord à trois ou quatre lieues. Nous avions fait quarante-neuf lieues en vingt-quatre heures.

Le 23, sur les dix heures du matin, la mer dans un grand calme, on vit de loin une grosse tortue qui dormait. Un quart d'heure après, la voyant environ à cinquante pas, un de nos matelots hardi se jeta à la nage pour la prendre. Elle s'éveilla, plongea deux ou trois fois. Le matelot l'ayant saisie à la patte la renversa. Elle le blessa à la main en se débattant. Ce petit combat nous donnait quelque plaisir mais l'opiniâtreté du matelot à ne pas vouloir la lâcher fit appréhender pour lui. Le calfat[24] du navire se jeta aussi à la mer. Avec ce secours et une corde, ils amarrèrent la tortue par les pattes. On la tira dans le navire. Elle pesait environ cinquante livres. Nous la mangeâmes à toutes les sauces.

Sur le minuit, nos gens s'aperçurent qu'un saletin s'était approché. Mais ayant reconnu notre supériorité, il se retira fort promptement. Sur les six heures, nous trouvâmes huit vaisseaux français et anglais à une lieue de distance qui faisait route vers Cadix. Le capitaine d'un des vaisseaux anglais nous dit que le brigantin qui nous était venu reconnaître était sûrement un saletin.

Le 24, nous espérions arriver à Cadix mais le vent n'était pas assez fort et quelquefois contraire. Nous ne fîmes que six lieues en vingt-quatre heures. Le temps paraît long quand on approche du terme sans le voir. Le vent nous tint dehors le 25 et le 26, tantôt loin, tantôt plus près. Quelques marsouins essayaient de charmer notre ennui par des espèces de singeries, en se montrant.

---

[24] C'est celui qui calfeutre et goudronne le navire.

On avait refusé l'entrée du port à des vaisseaux partis de Marseille par le seul souvenir de la contagion. Ils se présentaient depuis six semaines, attendant les ordres de la cour de Madrid. Nous n'étions pas dans le cas, nous venions de Normandie, mais notre capitaine craignait un rocher nommé « le diamant » et ne voulait pas entrer dans la nuit.

« Il a posé les fondations... » (Lc 6,48).

Nous voilà à Cadix le 27. Notre premier devoir était de rendre grâces à Dieu de notre heureuse traversée. Nous le fîmes à l'église des Augustins.

Il fallait trouver un gîte. Cadix est une ville fort marchande, fort peuplée. Les logements y sont chers. Nous logeâmes d'abord dans une auberge. Nous prîmes quelque repos pour laisser passer l'étourdissement que la mer nous avait causé mais il est toujours fatigant à des gens de notre robe d'être ainsi entremêlés. De plus, le prix était de neuf réaux de plate par personne. C'était trop pour nous. Un Français, nommé Salvère, nous apprit qu'il y avait à Cadix deux Religieux espagnols de notre Ordre, qui avaient un hospice. Nous allâmes sur le champ les voir. Le R. P. Bonaventure de Prado, professeur en théologie de l'université de Séville, nous reçut aussi gracieusement que nous pouvions le souhaiter. Il nous donna une partie de son logement et nous dit que, dans huit jours, il nous céderait le tout parce qu'il devait aller prêcher l'avent et le carême hors de la ville, dans le diocèse. Nous avons toujours connu ce Religieux dans les dispositions de nous aider de toutes manières dans l'exercice de notre commission pour le rachat des captifs.

Les instructions de notre Père général portaient de bien consulter les personnes d'expérience avant de passer au royaume de Maroc, de nous bien informer des dispositions du Roi sur le rachat des captifs, de lui cacher même que nous fussions venus à Cadix à ce dessein pour ne pas lui faire penser qu'il pouvait tout exiger. Car le désir d'avoir possède tous les hommes et forme les esprits en tout pays, et le Roi du Maroc, depuis longtemps, voyait les chrétiens traverser les mers pour venir fléchir sa dureté en faveur de la liberté de leurs frères. Il a trouvé que plus il s'est rendu difficile, plus la charité des fidèles s'est réchauffée.

La première journée se passa en quelques visites. Notre capitaine nous mena chez M. Salfefied, Irlandais de nation, élevé en France où est encore une partie de sa famille. Il nous a beaucoup servi dans notre négociation par ses amis. Nous allâmes chez M. Partyet, Consul de France, qui nous offrit tous les services dont nous avions besoin. On nous conduisit chez Mgr l'Évêque, qui nous donna tous les pouvoirs pour l'administration des sacrements et de la Parole de Dieu. Nous allâmes rendre aussi nos devoirs à M. le Gouverneur Dom Thomas Ydiaques, général des armées de sa Majesté Catholique, qui nous reçut avec beaucoup de politesse.

Nous crûmes encore nécessaire de voir plusieurs de nos négociants français qui pouvaient, par leurs correspondances à Meknès, ville de résidence du Roi du Maroc, et leur expérience, nous donner les avis dont nous avions besoin. M. Hendrix avait une maison à Salé et était fort au fait des affaires de Barbarie. Nous vîmes aussi M. Masson, le meilleur cœur au monde, fort sensible à la misère des pauvres captifs. Après bien des conférences avec eux et plusieurs autres négociants, leur sentiment fut que nous devions tenter le rachat des captifs par une voie secrète, prévoyant beaucoup de difficultés si nous passions à Meknès sans avoir traité auparavant pour nous assurer d'un prix raisonnable qui nous mît en état d'en retirer un grand nombre, si nous ne pouvions les avoir tous.

Un Anglais demeurant à Cadix avait pour ami à Meknès un juif, Moïse Benhattar, qui avait tout crédit auprès du Roi du Maroc. L'Anglais nous fut donné de bonne main pour un homme sûr. Il fut arrêté qu'il écrirait au juif comme ayant commission de quelque marchand de savoir si le Roi voulait mettre à prix un certain nombre d'esclaves qu'on demandait. Cependant, on nous conseilla de nous éloigner de Cadix.

Nous avions écrit à notre Père général notre arrivée. Nous lui écrivîmes encore ce qui s'était passé et le dessein où nous étions de ne pas paraître sitôt et de nous retirer à Séville, où il savait qu'il y avait une maison de notre Ordre.

« A sa Parole, se leva un vent de tempête... » (Ps107,25)

Tout le mois d'octobre s'était passé en conférences. Nous partîmes le 9 novembre pour nous rendre à Séville. Il y a vingt lieues de distance. Nous passâmes par Saint-Lucar de Baromède, où nous fîmes quelque séjour, attendant une occasion de nous embarquer sur le Guadalquivir.

Nous fûmes fort bien reçus à Séville du Ministre et des Religieux. La communauté est de soixante-dix. Cette maison est une des plus belles des nôtres d'Espagne. M. le Gouverneur, qui nous estime, envoya dès le lendemain nous offrir ce qui dépendait de lui et un carrosse pour vaquer à nos affaires. Nous ne l'acceptâmes que pour aller aussitôt lui rendre nos respects. La conversation dura assez longtemps. Le P. Darcisas s'était exercé à la langue espagnole. Il commençait à parler assez bien. M. le Gouverneur nous conduisit dans les appartements de l'Alcassave, qui ne sont point habités. Les rois d'Espagne, depuis longtemps, n'y font plus leur séjour. Il fit jouer les eaux du jardin. Le lendemain, il nous rendit la visite. Nous allâmes chez M. l'Archevêque. Ce prélat parle un peu le français, il l'entend encore mieux. Nous en reçûmes toutes les marques de bonté imaginables. Il nous donna aussi ses pouvoirs. Nous visitâmes aussi quelques négociants de notre nation, restant un mois dans Séville à attendre des nouvelles de nos amis sur la négociation secrète.

On nous donna avis du 10 décembre qu'il nous fallait rapprocher de Cadix. Nous fîmes savoir que nous partions pour Saint-Lucar où nous attendrions des nouvelles plus positives. Nous prîmes une barque. Le patron nous avait promis que nous ne serions que sept mais l'envie de gagner lui en fit prendre jusqu'à trente, avec beaucoup de marchandises. Nous étions les uns sur les autres sans quasi pouvoir nous remuer. Nous partîmes sur les huit heures du soir. Tous les passagers, de toutes conditions, hommes et femmes et, sans juger trop témérairement, plus mauvais que bons, prirent place de force avec nous. Ce ramassis de gens n'omit rien pour nous insulter. Ils criaient jour et nuit à nos oreilles à plein gosier. Les uns fumaient et prenaient plaisir à nous souffler dans le nez, les autres faisaient des insolences qu'il n'est pas permis d'écrire, d'autres encore profitant de notre étourderie volaient nos provisions de bouche. Quand il fallut manger, ne trouvant plus rien, nous eûmes recours au pilote qui nous vendit du pain trois fois ce qu'il valait. Nous fûmes trois jours dans cet état, le vent contraire, les pluies continuelles. Le troisième jour, sur le midi, il s'éleva une tempête si furieuse que nos voiles se brisèrent en un moment et notre pilote fut si épouvanté qu'il n'était plus en état de gouverner. A chaque moment, notre barque paraissait être sur une montagne et l'instant d'après dans un abîme. Nous fûmes deux heures dans ce danger. Nos compagnons, auparavant si mauvais, se mirent à prier Dieu comme des saints. Avec les prières que nous fîmes en commun et à haute voix, un Espagnol, qui ne nous avait pas paru le moins mauvais, en fit aussi. Tous les autres y répondant se donnaient des soufflets. D'autres s'arrachaient les cheveux ou se donnaient de grands coups sur la poitrine. Peu de temps après, le pilote, un peu revenu à lui, trouva le moyen de nous faire échouer sur un banc de vase où la plus part de nos incommodes se jetèrent jusqu'à la ceinture. Si nous n'eussions pas plus à perdre qu'eux, nous en aurions bien fait autant mais nous avions toutes nos hardes. Nous donnâmes nos soins pour faire raccommoder les voiles. Sur les huit heures, la marée devenue bonne, on remorqua la barque et on la mit à la voile, déchargée. Nous arrivâmes à Saint-Lucar le quatrième jour. Le P. de la Faye, remis à terre, crut perdre la vue, voyant tout en double et dans une grande obscurité. Cette indisposition lui dura neuf jours. Elle était sûrement causée par la fumée du tabac que ces malheureux lui avaient soufflé dans les yeux.

L'impression de l'insulte était passée, la tempête en avait détourné le souvenir. Il faut avouer néanmoins que, dans le moment, nature souffrait. On n'est pas toujours préparé dans la surprise à recevoir l'insulte pour en faire un usage chrétien. On veut bien quelquefois s'humilier soi-même mais on souffre qu'un autre veuille en prendre soin. La religion la plus épurée ne détruit pas l'humanité qui se retrouve au milieu des pratiques de la vertu. On veut les choisir à son goût. Quand la contradiction vient, quoique d'en haut, sans qu'on l'ait attendue, elle révolte. On voudrait y être préparé. Or c'est la soumission à cet ordre subit de la main de Dieu qui fait la perfection du sacrifice que nous devons toujours lui faire de nous-mêmes et de tout ce qui nous touche.

« Ils délibèrent contre ceux que tu protèges... » (Ps 83,4)

Nous demeurâmes plus de trois semaines à Saint-Lucar en attendant la réponse du juif Benhattar à son ami anglais. Elle ne nous fut pas fort agréable. Le Roi du Maroc était informé dès la fin du mois de septembre de notre arrivée à Cadix dans le dessein de passer dans ses états pour y racheter des esclaves. Benhattar ne pouvait pas de ce fait demander le rachat particulier de quelques esclaves. Mais, passant sous peu à Meknès, une fois fait notre ajustement de prix et de nombre qu'on voudrait nous accorder, alors il emploierait tout son crédit pour faire entrer un surplus présenté comme un rachat particulier émanant de lui. Il précisa ce qu'il y avait à faire espérer aux ministres du Roi et aux autres pour obtenir cette préférence. Mais il ne nous disait pas ce que nous voulions le plus savoir : le prix que le Roi voulait mettre aux esclaves.

Nos premières mesures furent ainsi dérangées. Nous l'écrivîmes à notre Père général et revînmes à Cadix le 13 du mois de janvier.

Nous apprîmes par des lettres de Tetouan d'un nommé Pillet, calviniste, que celui-ci avait su notre arrivée en Espagne et en avait donné lui-même avis au Pacha de cette ville. Il a eu beaucoup de crédit auprès du Roi du Maroc. Nos pères avaient voulu se servir de son entremise mais il les avait traversés par sa mauvaise foi. On nous avait avertis de nous méfier de lui.

Moïse Benhattar était cheik. Il nous écrivit du 15 de janvier qu'il avait appris par le sieur Pillet notre arrivée à Cadix pour passer de là à Meknès, que par l'empressement de nous rendre service il en avait prévenu le Roi, en avait obtenu un passeport pour entrer dans ses états et en sortir en toute sûreté.

Nous reçûmes des lettres de notre Père général. Il n'avait point encore reçu les nôtres et ne pouvait décider sur ce que nous lui avions mandé.

« Le Seigneur a envoyé son ange pour te garder sur tous tes chemins... » (Ps 91,11)

Il nous envoyait des lettres de change sur M. Athenas. On nous assura que celui-ci était un des négociants de Cadix dont la probité et le crédit étaient des mieux établis. Cela nous détermina à le prier de garder nos fonds.

Il eut la charité de retirer chez lui le P. de la Faye qui se trouvait attaqué d'un rhume de poitrine. Il le voulut absolument. Nous résistions à sa bonne volonté, de peur de lui être trop à charge. Il fit soulager et servir notre confrère de la manière la plus obligeante pendant les trois mois que dura son mal.

Nous reçûmes des lettres de notre Père général. Il nous marquait qu'il avait envoyé ordre au P. Denis Mackar, ministre de notre maison d'Huy, député de la Province de Flandres, de se rendre à Paris et, de là, nous venir joindre avec les fonds de sa Province. Celui-ci ne s'était pas pressé de venir de France avec nous, prévoyant assez de difficultés pour lui donner le temps de retirer tout ce qui se trouverait dans les confréries de sa Province. Il y en a beaucoup et les peuples y sont fort charitables, du fait aussi de leurs maritimes, considérables. Nombres des leurs sont en captivité, et ils sont de ce fait plus sensibles à cette situation.

Il nous fallait un passeport de sa Majesté Catholique pour passer à Ceuta, l'une des villes en Afrique de sa dépendance, place que les Maures assiègent depuis si longtemps. Nous commençâmes par prendre des mesures pour obtenir le passeport du Roi d'Espagne. M. Partyet,

Consul de France, se chargea de solliciter l'autorisation royale.

Nous prîmes le dessein de faire passer à Gibraltar le P. Darcisas pour préparer toutes choses et entretenir un commerce de lettres avec Benhattar. Nous en composâmes une, en réponse à celle où il nous offrait ses services et nous envoyait le passeport du Roi du Maroc.

Le P. Darcisas partit le 16 février, chargé de notre lettre et de celles de négociants qui recommandaient à leurs amis de Gibraltar de l'aider. M. Salfefied lui en donna pour M. Jean-Baptiste Turla, Génois de nation, bien intentionné pour les captifs, et M. Desportes, de Rouen, pour MM. Siméon et Berlye, ses associés. Tous nous furent d'un grand secours.

Nous devions laisser nos fonds à Cadix pour ne les donner que par forme d'échange à Ceuta. Cela n'aurait pas fait de difficulté de la part du Roi du Maroc.

« Voici, je viens pour faire ta volonté... » (Ps 40,8)

Peu après, notre Père général nous manda qu'il n'y avait plus à balancer sur le passage à Meknès. Il fallait paraître devant le Roi. Après avoir fait ce que la prudence demandait, il fallait affronter le péril. Nous nous devions à nos captifs, au moins par la présence, sans craindre de devenir captifs avec eux. C'était à la Providence à nous tirer d'affaire quand la charité nous aurait mis aux dernières épreuves.

« Des maux sans nombre m'environnent... » (Ps 40,13)

On reçut à Cadix la nouvelle que Benhattar était déchu, ayant encouru la disgrâce du Roi, et qu'il pouvait aussi perdre la vie. C'était un événement pour nos réflexions. Benhattar était intéressé mais homme de parole. La qualité de cheik lui avait été ôtée, le Roi lui avait seulement conservé le gouvernement des ports. C'était assez pour avoir encore beaucoup de crédit, de n'être point éloigné de la Cour. Son génie était supérieur, il était accoutumé à ces catastrophes. Il avait un accès favorable auprès de la reine. Cela nous engagea à conserver notre correspondance avec lui.

Il se répandit un bruit que l'un des fils du Roi s'était mis à la tête d'un grand nombre de montagnards soulevés, ce qui exposait ceux qui devaient passer le pays à y être pillés, si ce n'est pire.

Le temps passait dans des incertitudes continuelles. Nous étions déjà au mois d'avril. Nos captifs nous écrivaient leurs misères. Ils ne pouvaient qu'être fort impatients de nous voir. L'espérance qu'ils avaient conçue de leur liberté en apprenant notre arrivée à Cadix leur faisait trouver les délais bien longs. Notre affliction était égale, nous appréhendions l'effet de leur désespoir. Nous prîmes la résolution de tout risquer. Qu'y avait-il à craindre pour nous ? Notre captivité ? Elle les aurait consolés et aurait fortifié la leur. Il fallait boire le calice. Ce n'était point à nous à demander qu'il passât mais la volonté du Tout-Puissant.

« Sois leur berger et leur soutien... » (Ps28,9)

L'un d'entre nous s'était occupé à exercer son ministère sacerdotal en donnant les secours spirituels pendant le carême à quantité de matelots et autres Français qui n'entendaient pas la langue espagnole. Quelques-uns allaient le trouver dans la chapelle de Notre-Dame de la Camine. Quasi toutes les fêtes et dimanches, il allait dire la messe à bord de quelque vaisseau, y faisant porter notre chapelle et nos ornements. Cela dura depuis le mercredi des Cendres jusqu'à la Quasimodo. Les fidèles eurent ainsi l'occasion de s'acquitter du devoir pascal, duquel ils se seraient peut-être crus dispensés, faute de trouver facilement un confesseur de leur langue.

Le 6 mai, M. de Lehine, commandant du vaisseau « Le Saint-Joseph » vint nous prier d'envoyer quelqu'un de sur son bord confesser un matelot qui avait été grièvement blessé par accident. Le P. Le Roy y alla. Il s'embarqua sur les cinq heures du soir dans la chaloupe. La mer était fort agitée. Plusieurs personnes y trouvaient du danger mais il s'agissait de confesser un Français qui ne parlait pas la langue espagnole. L'empressement lui fit mépriser le danger. La mer devint si furieuse que l'on fut pendant une heure dans un grand péril. De huit rames, il y en eut deux de cassées. Ils arrivèrent au vaisseau, après une heure et demie. Il se leva un vent appelé « de Médine », furieux, mais le vaisseau, par un effet de la miséricorde de Dieu, ne souffrit aucun dommage. La tempête dura deux jours.

« Il fait cheminer les humbles vers la justice... » (Ps 25,9)

Le 18 avril, la cour de Madrid écrivit un ordre au Gouverneur de Ceuta de nous donner l'entrée de la ville et la liberté de communiquer au camp des Maures. Nous écrivîmes au P. Darcisas qu'il pouvait faire savoir au Pacha de Tetouan, Hamet Benhali Benabdelah, que nous acceptions volontiers ses bons offices auprès du Roi son maître.

Le P. Darcisas écrivit donc une lettre pleine des témoignages de notre confiance. Il nous donna avis que Pillet lui avait mandé qu'il fallait partir incessamment pour se rendre à Ceuta et de là à Tetouan, pour profiter de la compagnie du Pacha qui n'attendait que notre arrivée pour se rendre à Meknès. Nous attendions notre confrère, le P. Mackar mais, voyant qu'il pouvait être sur mer trop longtemps, nous nous déterminâmes d'aller joindre le P. Darcisas à Gibraltar.

Les chemins étaient affreux. Il ne se trouva sur toute la route que quelques mauvaises maisons où l'on ne nous donna ni pain, ni vin, ni viande, pas même de la paille pour coucher. Un de nos chevaux s'échappa, le conducteur en voulant le reprendre en reçut un coup de pied dans l'estomac. Nous crûmes qu'il était mort.

« Qui est le Rocher, sinon notre Dieu... » (Ps 18,32)

Nous arrivâmes le 23. M. Berlye nous donna l'hospitalité l'espace de six semaines, avec une générosité qui sera toujours profondément gravée dans notre cœur. M. le Gouverneur de la place, n'oublia rien pour nous marquer distinction et amitié, tous les officiers de même.

Il fut déterminé entre nous trois que le P. Le Roy resterait encore quelques jours à Gibraltar pour attendre le P. Mackar et que les deux autres passeraient à Ceuta.

« Il fait des vents ses messagers... » (Ps 104,4)

Nous partîmes avec des lettres de recommandation pour Mgr l'Évêque de cette ville, pour M. le Gouverneur et pour M. l'Intendant. Un bon négociant, nommé M. Turla, avait parfaitement leur considération. Il leur écrivit en notre faveur.

A notre arrivée, nous écrivîmes une seconde lettre au Pacha de Tetouan, qui nous fit réponse en ces termes :

« Par les lectures des lettres que vos Révérences m'ont écrites, je reconnais que vous voulez vous servir de moi auprès de l'Empereur, mon maître, dans la commission que vous avez de faire le rachat des esclaves français qui se trouvent dans ce pays. D'abord que vos dites lettres me furent présentées, je dépêchais à la cour de sa Majesté pour avoir des ordres amples et nécessaires à ce sujet. Reconnaissant que sa Majesté en soit contente et qu'elle veuille entrer dans cette proposition, je donnerai d'abord à vos Révérences de la manière dont elles doivent se gouverner, surtout pour ce qui concerne les présents pour sa Majesté, comme le plus nécessaire. J'assure vos Révérences que je ferai toutes les plus grandes diligences avec l'Empereur mon maître, pour que vous puissiez venir à bout de votre dessein et être contents. D'abord que j'aurai reçu les dits ordres, j'en ferai part à vos Révérences. Pour faciliter la chose, vos Révérences pourront écrire à Pillet, ou à quelque autre personne de confiance, à qui vous expliquerez vos intentions afin que, par le moyen de la dite personne, l'affaire puisse se terminer avec toute la brièveté possible, à la satisfaction de vos Révérences. Quoique vos Révérences aient déjà reçu un passeport du Roi mon maître, je n'ai pas laissé d'en demander un autre. S'il s'offre quelque autre chose pour le service de vos Révérences, elles peuvent m'employer avec toutes forces de liberté. Que le Seigneur conserve vos Révérences, les années de ses désirs. Hamet Benali Benabdelah, Tetouan, le 20 juin 1724».

Peu après arriva le passeport :

« J'ai reçu une lettre du Roi mon maître. Il m'envoie pour vos Révérences un passeport. Ainsi peuvent-elles venir en toute sûreté et je les assure qu'elles seront bien reçues, avec tout l'honneur et le bon cœur que mérite votre charité. Je dois me présenter à la Cour de l'Empereur mon maître dans quinze jours et je me réjouirais que vous puissiez venir en ma compagnie. Touchant le présent de sa Majesté, vos Révérences sont suffisamment informées de ce qui convient au Roi. J'estimerais que ce fût quelque chose de rare et de curieux. Je m'offre de nouveau de vous rendre service en tout. Que Dieu garde vos Révérences les années de ses désirs. Le très excellent Pacha Hamet, Tetouan, le 9 juillet 1724. »

Le passeport portait ce qui suit :

« Grâce au seul Dieu ! Je ne peux rien faire ni disposer sans la volonté de Dieu Très-Haut, dont le Nom soit sanctifié ! Aux Pères français Jean de la Faye, Augustin Darcisas et Henry Le Roy, qui demandèrent permission pour venir à Haute Cour, par la grâce de Dieu paix et salut. Mon fidèle ministre et estimé Pacha Hamet a écrit que vos Paternités veulent venir à ma Cour. Que les dits Pères vinssent dans la confiance de Dieu et sur la parole que j'ai donnée. Je donne ordre au dit Pacha qu'il reçoive vos Paternités, les traite fort bien et les amène en sa compagnie. Meknès, le 1er juillet 1724. »

Nous montrâmes les lettres et le passeport à Mgr l'Évêque. Elles avaient grande apparence de sincérité. Dans sa dernière lettre, notre Général disait que les présents risquaient d'être perdus mais qu'il avait en fait l'expérience que ce prince donnait toujours quelques esclaves en échange.

Nous ne pouvions douter de sa volonté que nous nous rendissions à Meknès.

« Que le Seigneur reçoive ton offrande... » (Ps 20,4)

Le 15 juin, on avait averti le P. Le Roy, resté à Gibraltar, que deux Religieux de notre Ordre étaient à la porte de Terre. Il courut chez M. le Gouverneur qui lui donna un sergent avec lequel il alla à la porte. Il y trouva le P. Mackar et le Fr. Nicolas, de la maison d'Huy. Il les mena chez M. Berlye qui les reçut avec le même cœur qu'il avait eu pour nous. Le P. Le Roy les conduisit le lendemain chez M. le Gouverneur et les autres officiers de marque. Ils se reposèrent quatre ou cinq jours à Gibraltar et en partirent le 20 pour Ceuta.

Ils s'embarquèrent à neuf heures du matin par un

vent favorable. Le trajet du détroit n'est que de cinq lieues. Ils ne devaient être en mer que trois ou quatre heures. Au milieu de l'embouchure, le vent changea, la marée devint contraire. Le patron de la barque aurait mieux fait de revenir d'où il était parti mais il était chargé de poisson pour Ceuta. La crainte de le perdre fit qu'il voulut arriver au risque de périr. En sorte qu'après bien des bordées, il n'arriva que le lendemain à cinq heures du matin. Il faut dire aussi que le pilote se trompa : il s'aperçut qu'au lieu d'aller droit à Ceuta, il tournait du côté de Tetouan.

La frayeur qu'en eut notre Père, le mal de mer qui l'agita pendant tout ce temps, la fraîcheur de la nuit contre laquelle il n'avait pris aucune précaution, la peur du naufrage (il n'avait aucune expérience de la mer), tout cela le mit dans un tel état, qu'étant arrivé, il demanda un lit pour se coucher. Il se plaignit d'une grande colique, qui dura un jour entier. Après deux fois vingt-quatre heures, elle recommença avec plus de violence.

Le P. de la Faye en donna avis au P. Le Roy, resté à Gibraltar, qui s'embarqua le même jour pour venir le secourir avec nous. M. le Gouverneur et M. l'Intendant, ayant su la maladie de notre confrère, déjà fort accablé de son mal, ordonnèrent au médecin de l'hôpital (un prêtre qui exerce la médecine avec beaucoup d'habilité et la permission du Saint-Siège) de ne rien oublier pour le soulager. Il fit tout ce que la connaissance la plus profonde et la plus expérimentée pouvait y apporter de remède. Le mal s'opiniâtrait. La fièvre était grande, elle devint maligne. Ce médecin en appela deux autres avec lui. Il fallait aussi celui de nos âmes : le malade demanda à se confesser et il reçut le Saint Viatique après avoir fait la confession de foi de la manière la plus touchante et la plus édifiante. Mgr l'Évêque vint le consoler plusieurs fois de sa présence et de ses pieuses exhortations. Le saint prélat fut fort content de ses dispositions.

Les médecins, voyant que les remèdes n'y faisaient plus rien, le laissèrent à la miséricorde du Seigneur. Il reçut le sacrement de l'Extrême-onction dans une pleine liberté d'esprit, avec les sentiments d'une entière résignation à la volonté de Dieu. Deux jours après, il mourut, le troisième jour de juillet, à l'heure de midi, après douze jours de maladie.

Il était d'un tempérament fort et robuste, n'étant âgé que d'environ quarante ans. C'était le plus jeune de nous. Personne n'aurait cru qu'il dût périr dans ce voyage. Dieu voulait cette victime, la plus belle du troupeau par les vertus qu'il avait pratiquées, la plus digne de lui être offerte pour préparer la bonté divine à nous être favorable dans notre mission. Il le délivra de la servitude du péché tandis qu'il pensait à venir travailler avec nous à rompre celle de nos frères captifs, à participer à leur esclavage s'il en était besoin. C'était véritablement commencer notre sacrifice car il nous était cher par sa douceur, sa piété solide, par son zèle dans l'exercice de sa profession religieuse et le désir qu'il avait toujours témoigné d'accomplir l'obligation de notre Ordre dans la délivrance des captifs. Il avait été élu fort jeune ministre et supérieur de notre maison d'Huy, au pays de Liège, s'en étant acquitté avec l'applaudissement des Religieux de la communauté. Il sortait de la charge de la Province de Flandre, qu'il avait exercée pendant trois ans, à la satisfaction des supérieurs. Notre Père général l'estimait particulièrement.

Mgr l'Évêque, aussitôt après son décès, nous envoya deux ecclésiastiques pour nous consoler. Il nous fit dire qu'il se chargeait de tout ce qui pouvait regarder son enterrement, de ne songer qu'à prier Dieu pour le repos de son âme. Toutes les cloches sonnèrent pendant les vingt-quatre heures, depuis sa mort jusqu'à son inhumation.

Il y a dans cette ville un couvent des Religieux déchaussés de notre Ordre. Ils vinrent à la chambre où il devait être exposé, accompagnés des Pères Récolets. Ils y firent dresser un lit de parade environné d'un fort beau luminaire et de quantité de fleurs. La nation espagnole aime les grands appareils. Elle voulait faire honneur à un étranger dont ils vénéraient le ministère, donnant des témoignages de bienveillance et d'estime pour notre nation. Beaucoup de personnes nous venaient faire des compliments. Mgr l'Évêque avait donné ordre à toutes les communautés de la ville, et M. le Gouverneur à tous les officiers, de se trouver à la levée du corps. Le corps fut porté par six Religieux prêtres, trois de nos Pères déchaussés et trois Récolets. La cérémonie fut triste pour nous. Il nous manquait.

Il devait nous aider à retirer de l'esclavage le capitaine Blancman, de Dunkerque, et neuf ou dix hommes de son équipage pour lesquels il y avait des fonds déposés depuis l'année 1718 par quelques confréries de la Province de Flandre. La rançon était devenue difficile, le marchand ayant voulu traiter avant notre arrivée. Messieurs les magistrats de Dunkerque n'ont pas la même expérience que les Religieux de notre Ordre. Quand le Roi du Maroc s'aperçoit de ses sortes de tentatives pour le rachat de quelques esclaves particuliers, il s'imagine que ce sont gens riches. Il les met à un si haut prix que leur liberté devient impossible, au lieu qu'il sait bien que nous sommes dépositaires d'aumônes destinées pour les pauvres dépourvus de tout recours. Quand nous en avons de particulières pour ceux qui nous sont recommandés, nous prenons des mesures pour les confondre avec ceux que nous traitons en général. Nous fûmes dans l'impossibilité d'obtenir la liberté de ces Flamands.

Chapitre 2

« JE SUIS DESCENDU POUR LE DÉLIVRER... » (Ex 3,8)

« Mon espérance est en toi... » (Ps 39,8)

Nous n'avions encore pu nous assurer en quoi consistaient les présents qu'il fallait faire. Le commerce plus voisin avec les Maures assiégeants nous donna le temps et la faculté de nous en instruire. Nous fîmes retourner le P. Darcisas. Il trouva une galère qui partait pour Cadix. Il revint le 5 Août avec les présents, tant pour le Roi que les ministres et les favoris. Nous donnâmes avis le même jour au Pacha que nous étions prêts à aller le trouver, que nous arriverions le 8 à Tetouan.

Nous arrivâmes effectivement quoique le vent ne fût pas favorable. On se sert des rames en côtoyant toujours la terre. Le Pacha avait donné ordre à un Alcaïde et à deux cent cinquante hommes de venir au-devant de nous avec des mules pour le transport de nos présents et de nos hardes. Il nous envoya saluer par un de ses écrivains. Pillet vint aussi avec le capitaine du Baucage, esclave. Il nous donna des rafraîchissements et nous conduisit chez lui où il nous avait fait préparer à chacun une chambre. M. Meuve, également, nous était venu prendre en chemin. La nouvelle de notre arrivée s'était répandue. Tous les chrétiens s'empressèrent de venir : les R. P. Récolets ; M. Tallard, capitaine dc vaisseau anglais ; M. le Consul de la même nation, accompagné de quatre autres, Anglais ou Irlandais, avec des offres de tout ce qui était à eux. M. Tallard nous dit qu'il souhaitait être encore en rade quand nous aurions fait notre affaire pour nous repasser en France avec nos esclaves, si nous étions assez heureux d'en ramener avec nous.

Le lendemain, nous allâmes voir les Pères Récolets et nous dîmes la messe dans leur chapelle. Nous allâmes voir aussi M. Meuve, qui fait le consulat de France car c'est usage dans les villes maritimes que, quand un prince n'a pas désigné de Consul pour la nation, les marchands ses sujets conviennent entre eux de celui qui en fera les fonctions.

Pillet se chargea d'aller rendre nos devoirs au Pacha et lui demander le jour qu'il lui plairait de nous donner audience. Sur les cinq heures du soir, le Pacha envoya ses trois écrivains principaux, Labi, Hamedi et Bagali, nous faire des compliments de sa part et nous dire que l'audience aurait lieu le lendemain. En attendant, l'Alcaïde Lucas, Gouverneur du port, nous recevrait.

Les écrivains nous conduisirent à lui. L'Alcaïde était assis en tailleur, les jambes croisées sur un grand tapis, avec plusieurs oreillers autour de lui. Sa figure est fort revenante. C'est un beau vieillard avec sa barbe blanche. Il passe pour avoir de l'esprit infiniment. On prit séance comme l'Alcaïde, sur le tapis, mais on nous présenta des chaises de bois. Le P. Darcisas parla en langue espagnole. On nous demanda en quoi consistait nos présents pour le Roi et la valeur de chaque chose en particulier. Nous lui montrâmes le mémoire et les factures du marchand, dont ils prirent note avec exactitude.

Au sortir de chez l'Alcaïde, nous entrâmes chez Abraham Benhattar, frère de celui de Meknès. Nous lui dîmes l'obligation que nous avions à son frère de nous avoir offert sa maison. Il nous dit aussi bien des questions sur nos présents. Nous n'y répondîmes pas si nettement. Il nous rendit la visite le même jour fort tard.

Le jeudi, jour de saint Laurent, nous allâmes honorer la fête à la chapelle des Pères Récolets. Nous y dîmes la messe. Nous demandâmes son intercession auprès du Seigneur pour la foi duquel et pour la conservation du trésor des pauvres il avait souffert le martyre. Nous lui demandâmes de nous animer de la confiance et de la fidélité à conserver le dépôt sacré des aumônes des fidèles, sans craindre la mort. Sur les quatre heures du soir, les mêmes écrivains vinrent encore nous complimenter de la part du Pacha. Ils nous présentèrent par son ordre des présents portés par treize Maures : six gros moutons, quatre quintaux de farine, quatre douzaine de poules, des raisins et des figues. Ils nous conduisirent ensuite à l'audience de leur maître.

Il nous attendait au milieu d'un grand jardin, sous un berceau de treille. Les écrivains se mirent à ses côtés. Le P. Darcisas lui fit notre compliment en langue espagnole. Nous lui rendîmes nos actions de grâces de son beau présent et nous lui donnâmes une montre d'Angleterre, à répétition, des plus magnifiques, dont il parut content. Il nous remercia, nous fit de nouvelles offres de services auprès du Roi et nous fit dire que le vendredi était un jour de fête pour lui mais que le samedi suivant il nous donnerait une seconde audience.

Il est d'une fort belle représentation, d'environ trente-cinq à quarante ans, fort affable. Les écrivains nous conduisirent par dessous deux grands berceaux. Des Maures bordaient les deux côtés. Ils n'étaient pas armés. On nous fit sortir par une grande porte afin de nous faire voir la grandeur de l'Alcassave. Il paraît bâti à la façon d'Europe, percé de petites fenêtres avec des jalousies. A deux autres palais, il n'y a aucune fenêtre : les appartements ne tirent le jour que par la porte. Chaque palais a un jardin où sont quantité d'orangers, de citronniers, de figuiers.

« Au Seigneur, la royauté, au Maître des nations… » (Ps 22,29)

Lucas nous envoya dire que nous lui ferions plaisir de lui envoyer un présent parce que deux jours après était leur fête, la fête du sacrifice, oblation d'un mouton par famille, que le chef égorge lui-même dans sa maison, après avoir été faire sa prière à la mosquée. La fête dure six jours. On mange la victime, se réjouissant beaucoup chacun dans sa famille. On ne punit alors presque jamais le mal, à moins que ce ne soit de très grands crimes. Cela rend les Maures fort insolents. Il y a chaque jour un jeu de lances, dans une très grande place.

Dès ce matin-là, les Pères de saint François et tous les chrétiens, nous nous assemblâmes chez M. Hatfield, Consul anglais, et fûmes tous ensemble faire les compliments ordinaires au Pacha. Nous l'aperçûmes de loin qui entendait la prédication dans une grande place, auprès du tombeau d'un de leurs saints. Une demi-heure après, il revint vers son palais, monté sur un cheval magnifiquement harnaché d'argent, d'or et de pierreries, escorté par des noirs armés de sabres et de fusils, avec tambour, hautbois et autres instruments, suivi par deux Maures. Il ne sort jamais qu'il n'ait au moins cinq ou six cents hommes avec lui.

Sur les cinq heures du soir, devant la porte du palais du Pacha, cinq cents hommes l'attendaient pour le mener à la place. Tambour, fifres, hautbois faisaient un bruit qui écorchait les oreilles. Les fils du Pacha, plusieurs de ses frères, les principaux du lieu, y étaient déjà rendus. Le Pacha y arriva vers six heures monté sur un très beau cheval. Les Maures se séparèrent et firent comme deux corps d'armée. Tous les acteurs avaient de si bons chevaux qu'ils semblaient surpasser la vitesse des cerfs à la course. Ils changeaient de chevaux et avaient plusieurs valets pour charger leurs fusils. Le Pacha commença avec deux officiers partant de leur poste à toutes jambes de chevaux. Trois autres du corps d'armée opposé se détachèrent dans le même instant. Près de se joindre, ils lâchèrent pied et tournèrent bride. Les trois victorieux furent poursuivis par d'autres. Le Pacha fit volte-face et para adroitement le coup de lance qui lui fut porté. Les deux autres les parèrent aussi avec beaucoup d'adresse. Dans le même temps, vingt cavaliers se détachèrent de chaque camp à bride abattue et firent leur décharge de mousqueterie n'étant qu'à dix pas les uns des autres. Ces attaques de lances et de mousqueterie furent si fréquentes et opiniâtres qu'ils semblaient vouloir se détruire entièrement. C'était un tonnerre continuel. Hommes et chevaux étaient également animés. Le Pacha se distinguait par son adresse. Il faut dire qu'il n'y a pas de nation mieux à cheval que les Maures. La place était bordée des deux côtés de maisons sur le toit desquelles il y avait une quantité prodigieuse de femmes qui battaient des mains et faisaient des acclamations de joie.

« Devant nous, les peuples haussent les épaules... » (Ps 44,15)

Le jour même, on nous fit dire d'aller chez l'Alcaïde Lucas, où les trois écrivains s'étaient rendus. Ils les examinèrent fort exactement et les trouvèrent en trop petite quantité, pas assez considérable pour se présenter à un si grand Empereur. Il fallait quelque chose de plus précieux pour le toucher et nous le rendre favorable, ajoutant aussi que le Pacha était un seigneur très distingué par la charge et le crédit qu'il avait auprès du Roi. A lui aussi, il fallait des présents proportionnés.

Quelle ne fut pas notre surprise et notre embarras ! Rien ici où faire emplette, aucune manufacture, ni marchands, ni magasins, car les Maures ne se couvrent que de laine et, n'ayant point de meubles, couchent par terre.

Il n'y avait pas d'autres partis à prendre : notre objet

préalable était de fléchir la dureté du Roi et de satisfaire l'avidité des favoris, en tout ce qu'il nous serait possible. Nous renvoyâmes le P. Le Roy à Gibraltar avec un nouveau mémoire de marchandises. Nous fîmes donner ce mémoire par les écrivains afin de les avoir du moins pour caution que nous faisions tout ce que l'on souhaitait.

On nous expédia un passeport. Notre confrère partit de Tetouan le 11 au soir, sur une barque qu'on nous donna. Il n'arriva à Gibraltar que le 13 à cause du mauvais temps. Une fois embarqué, on vint nous dire que le Pacha a changé de sentiment, qu'au lieu de quatre pièces de draps de Ségovie, il les veut d'Angleterre et, au lieu de toile de batiste, il veut deux cents pièces de toiles de Cambrai. Nous réécrivîmes tout aussitôt au P. Le Roy. Il reçut notre lettre le 19. Les emplettes étaient faites à l'exception de deux pièces d'étoffes d'or, ayant dû écrire pour cela à M. Athenas, notre correspondant à Cadix. Il fallut revendre ce qu'il avait acheté et chercher ce qu'on nous demandait. MM. Turla et Berlye lui rendirent le service de choisir les toiles et les draps et d'en faire les prix. Ayant reçu les deux pièces d'étoffes d'or, il se rembarqua le 21.

L'Alcaïde Lucas avait une entière connaissance de tout ce que nous avions avec nous : faïences, cabarets de Chine, draps, peaux de chamois, confitures, toiles de batiste. Il évalua le tout à cinq cents piastres pour le présent du Pacha, sans compter la montre. Il ordonna qu'on transportât chez lui les draps et toiles que le P. Le Roy avait apportés. La couleur plut assez mais on se récria sur la qualité. Nos amis de Gibraltar avaient pourtant choisi ce qu'il y avait de plus beau et de plus cher. Ils savaient bien ce qui convenait, ils en vendaient assez souvent, mais on voulait nous fatiguer, tâcher de nous abattre puis tirer de nous jusqu'au dernier sol. On nous renvoya dès le lendemain nos marchandises et on nous fit savoir que le Pacha ne voulait plus sc mêler de nos affaires si nous ne faisions pas d'autres emplettes. Nous répondîmes que nous avions fait de notre mieux, que nous abandonnions tout ce que nous avions apporté et qu'on nous laissât repasser en terre chrétienne. Nous eûmes pour toute réponse que, le Roi ayant été informé que nous étions dans ses états, il nous fallait absolument paraître devant lui. Que faire ? De renvoyer chercher d'autres présents, c'était s'exposer à une nouvelle tyrannie. Notre conférence fut courte. Que pouvait permettre la Providence sinon ce quoi nous nous étions disposés ? Cependant la pensée nous vint de proposer à l'Alcaïde Lucas d'écrire à son correspondant de Cadix d'être présent aux nouveaux achats et de choisir lui-même les marchandises. Il y consentit. Il nous fallut fréter une balandre qui se trouvait à la rade. Le P. Darcisas s'y embarqua le 27.

« Seigneur, que mes adversaires sont nombreux... » (Ps3,2)

Le lendemain, on vint nous avertir qu'on avait trouvé un chrétien assassiné sur le chemin qui va à la mer. Un matelot nous rapporta avoir vu le cadavre le visage si défiguré que seuls ses habits pouvaient faire croire que c'était le sieur François Taffy, commandant de la balandre de M. Turla de Gibraltar. Le Pacha envoya aussitôt les officiers de justice. Les coups étaient en si grands nombres qu'il se contentèrent d'en spécifier sept mortels. Il nous fut impossible de le reconnaître : il avait le crâne fendu, la gorge coupée, le poignet droit aussi. Il avait reçu des coups après sa mort. Les Pères de Saint François et nous fîmes demander permission d'enterrer le corps. Nous le fîmes porter au cimetière des chrétiens, éloigné d'une lieue de la ville. Non seulement tous les chrétiens vinrent à son enterrement mais encore quantité de Maures et de Juifs parce qu'il était homme de probité et obligeant à tout le monde. On donna ordre de faire diligence pour faire découvrir les auteurs du crime. Le même jour, un des auteurs de cet assassinat avait été chez le sieur Michel, chez qui le défunt avait couché, pour vendre une tabatière. Un domestique reconnut la tabatière disant : « C'est celle du capitaine assassiné. » Le Maure, épouvanté d'être reconnu, se retira dans la maison d'un saint qui n'était pas trop éloignée. Le Pacha, ayant résolu de faire punir l'assassin, envoya chercher les parents du coupable réfugié et leur dit que, s'ils ne le faisaient pas sortir du lieu d'asile, il leur ferait perdre la vie. Les menaces obligèrent les parents à mépriser la sainteté du lieu et de tirer par force le coupable.

L'Alcaïde Lucas nous envoya chercher pour nous insinuer adroitement, qu'après le départ du Pacha, nous dépendrions de son frère, Gouverneur de la ville, pour les mules par exemple. De sorte que nous fûmes obligés de faire un présent au Gouverneur, de la même valeur. Dès le lendemain, on nous dit que, le Pacha étant sur le départ, il était temps de donner aux deux écrivains ce qui avait été déterminé.

Nous eûmes aussi un assaut d'Abraham Benhattar. Il nous envoya chercher par le capitaine du Baucage, esclave de son frère et nous dit, mécontent, que nous avions grand tort de mettre notre confiance dans le Pacha, que son frère avait travaillé pour nous dès notre arrivée à Tetouan, qu'il fallait que nous lui donnions deux mille piastres pour son frère. Nous répondîmes sans nous troubler que nous avions apporté quelque chose au Pacha avec obligation de nous en payer le prix ; que si son frère nous eût donné quelque commission, nous l'eussions exécutée avec plaisir ; que notre reconnaissance surpasserait les services qu'il nous rendrait. Nous lui portâmes dans le moment le même présent que nous avions fait aux deux écrivains. Benhattar nous dit que nous aurions tout le temps de nous repentir d'avoir méprisé sa protection, en ne lui donnant pas les marques de notre confiance. Nous lui fîmes la même réponse, avec modération, de crainte qu'il ne nous nuisît. Notre inclination était de faire du bien à tout le monde, mais par profession et serment, les deniers dont nous étions les dépositaires ne pouvaient être employés que pour le rachat des pauvres esclaves, la protection et les soins de ceux qui pouvaient nous le faciliter.

On tendait à nous ravir nos fonds par des offres de services, des attentions simulées ou des vexations. Nous étions continuellement sur nos gardes. Ainsi l'Alcaïde Lucas, qui a tout pouvoir en l'absence du Pacha, envoya chercher deux esclaves et ordonna à ces pauvres malheureux d'aller dans la prison. A moins que nous ne voulussions être leur caution. On les croyait de qualité et on voulait en tirer dix mille piastres chacun. Le Pacha leur avait jusqu'alors laissé entière liberté et ils n'avaient rien éprouvé de ce que l'esclavage a de rude. Nous les vîmes mettre avec bien de la douleur dans une prison dont l'humidité, la puanteur et la vermine étaient capables de les faire périr en peu de temps. Cette cruauté était pour nous engager à les cautionner et consommer nos fonds pour leur rachat. Peut-être les aurait-on cachés pour nous accuser de les avoir fait sauver. Les deux esclaves nous priaient de les faire changer de prison, où ils puissent au moins respirer. Nous étions forcés de cacher notre compassion et d'opposer une apparence de dureté. Cela nous empêcha de témoigner à ces pauvres prisonniers combien nous étions sensibles à leurs souffrances. Nous fîmes semblant de ne prendre aucune part à leur misérable état !

Puis, M. Meuve se trouva lui-même dans la presse. Il avait beaucoup de marchandises envoyées à Marseille lorsque la contagion s'y déclara, opérant la banqueroute de ses associés. Il se trouvait redevable de sommes considérables. Ses créanciers étaient des Maures. Les gens de justice voulaient l'arrêter. Il aurait voulu que nous lui fissions un prêt mais cela ne nous était pas permis. C'était une affliction pour nous : il était honnête homme et avait toujours eu soin des esclaves. Il apaisa les Maures par quelques caisses de confitures sèches que nous lui donnâmes.

On fit arrêter le Consul d'Angleterre et jeter dans une assez vilaine prison. Le sujet était que le Gouverneur de Gibraltar retenait un vaisseau de dix canons, envoyé au radoub.

On vint dire qu'une galiote sortie de Tetouan avait pris sur les côtes du Portugal un petit bâtiment hollandais chargé de draps, de toiles de marins. Le Pacha voulut aller voir la prise. Le capitaine s'était défendu avec tant de courage qu'il avait tué quatre ennemis et blessé vingt-deux. Leur vigoureuse résistance attira les louanges de ceux qui les firent esclaves.

Puis on vit en pleine mer un vaisseau algérien de trente-deux canons poursuivi par deux hollandais de chacun quarante. Dans le moment, le Gouverneur fit faire le signal. Six cents Maures furent sur le bord de la mer. L'Algérien, ne pouvant résister, se jeta sur la barre pour sauver son équipage et le canon.

Pillet nous logeait chez lui. Tous furent bien étonnés d'apprendre qu'il avait laissé son chapeau noir et avait pris le bonnet rouge, c'est-à-dire qu'il s'était fait mahométan. Un écrivain du Pacha nous assura que Pillet serait aussi mauvais mahométan qu'il avait été mauvais chrétien.

Des Maures devaient nous insulter si nous paraissions davantage dans la rue avec la croix que nous portons sur nos habits. Il n'en fut rien.

« Tu me secours et me console... » (Ps 86,17)

Nous reçûmes plusieurs lettres de Meknès, en réponse de celles que nous avions écrites pour exhorter les esclaves à la persévérance et détruire ce qui leur avait été inspiré contre le zèle que nous avions de leur procurer la liberté.

Notre retardement nous servit à voir nos deux jeunes esclaves hors de prison. Ils étaient tombés dangereusement malades par l'infection du cachot. L'Alcaïde, dans la crainte de se voir frustré de la rançon s'ils venaient à mourir, les fit mettre dans un lieu moins malsain à condition de payer tous les jours trois blanquilles (dix sols et demi) pour un gardien. Nous cachions toujours notre compassion, quoique le cœur bien serré.

Le Pacha nous fit dire qu'il nous donnerait audience. Nous nous rendîmes à son palais et lui fîmes notre compliment, demandant la continuation de sa protection. Il nous répondit le plus obligeamment du monde qu'il avait donné des ordres précis qu'il ne nous manquât rien, qu'il partait à Tanger mais avait fait laisser quatre mules pour nos montures, seize pour nos présents et nos hardes, deux tentes et des Maures pour avoir soin des mules. Il fallait nous tenir prêts. Rien ne nous parut plus gracieux que cette dernière audience.

Nous fûmes quelques jours sans autre inquiétude que celle que nous avions toujours eue depuis notre arrivée. On nous fit espérer que nous partirions. Ce fut différé au 9 octobre. Nous employâmes les jours à séparer les présents que nous devions faire au Roi de ceux que nous destinions à la Reine et à ceux qui pourraient nous servir dans nos vues. On nous entretenait toujours de belles espérances de retirer nos frères de la servitude.

« Qui me conduira jusqu'en Edom ?.. » (Ps 60,11)

Nous partîmes enfin. De Tetouan à Meknès, nous marchâmes par des déserts, avec seize mules de charge et quatre pour nos montures, depuis neuf heures du matin jusqu'à cinq heures du soir sans s'arrêter. Nous avions pour conducteur Hamedi, second écrivain du Pacha, à qui tout le peuple obéit avec la même exactitude qu'à son maître.

Nous campâmes dans une petite plaine où se tenait un souk. Il y avait une quantité prodigieuse de monde. On y vendait pain, viande, eau et raisin. Les officiers du Pacha y firent une ample provision sans rien débourser, selon la coutume du pays.

Cinq ou six Alcaïdes des montagnes vinrent rendre leurs comptes au Pacha et lui faire leurs présents. Ils consistaient en quantité de mules et de chevaux chargés de caisses et de ballots. Cela composait un corps considérable d'hommes et de bêtes.

Le 10, nous partîmes à trois heures du matin, marchant quatre heures par des chemins abominables, par des montagnes et des déserts. Les habitants du pays brûlaient les bois le long du chemin pour les rendre plus sûrs et en éloigner les lions. Nous arrivâmes à une petite plaine où se trouvait un autre souk. On y fit quelques provisions. Après nous être munis de rafraîchissements, nous partîmes à midi. Nous arrivâmes au soleil couchant auprès d'une fontaine appelée Angroui, où nous campâmes.

On redoubla cette nuit la garde à cause des fréquents meurtres et vols qui se produisent en cet endroit. Les habitants des montagnes voisines passent pour les plus grands scélérats de la Barbarie. On nous raconta qu'en 1721 un Cadi (c'est-à-dire un Juge) et dix hommes y furent tous égorgés. Nos gardes eurent ordre de crier à chaque moment et on nous conseilla de laisser des falots allumés.

Cette lumière, les cris réitérés et l'épouvante firent que nous ne pûmes fermer les yeux. Le lendemain, nous partîmes à deux heures du matin. Nous arrivâmes à Alcassar à dix heures. De Tetouan à Alcassar, il y a trois jours de marche et, dans la route, nous n'avions pas vu un seul douar (village).

Le Pacha nous avait fait préparer un logis près du sien. Après avoir pris quelque repos, nous lui envoyâmes notre interprète pour l'assurer de nos respects, nous informer de sa santé, lui marquer l'empressement d'avoir une audience particulière. Il répondit gracieusement. Quelque temps après, il nous envoya cinq poules rôties et un grand bassin de biscuits faits de farine cuite à l'huile.

Le 12, nous séjournâmes à Alcassar. A l'heure du dîner, le Pacha nous envoya un grand plat de couscous. Sur les deux heures de l'après-midi, il nous donna audience. L'interprète lui fit entendre que nous avions quelque chose de particulier à lui communiquer. Il fit retirer toutes les personnes suspectes et nous donna tout le temps de nous expliquer sur le bruit qu'on avait fait courir à Tetouan que les Pères de notre Ordre en 1712 devaient au sieur Pillet quatre mille ducats. Il nous dit que nous pouvions dormir en repos sur cet article et nous donna d'heureuses assurances de réussite.

Alcassar est située dans une assez belle plaine et des plus fertiles, les jardins sont bien cultivés, la vue charmante. Beaucoup plus petite que Tetouan, elle a cependant plus de mosquées. Mais le séjour nous y parut long parce que nous n'avions personne avec qui converser. Nous espérions bientôt en sortir, touchant au déclin de la lune. Selon la superstition du pays, on ne veut point approcher du Roi qu'elle ne soit passée. Nous en partîmes le 13 à une heure après midi. Nous marchâmes jusqu'au soleil couché avec beau temps. Le Pacha nous envoya à l'heure du souper des poules rôties et du pain blanc.

Le cortège qui l'accompagnait était de plus de quinze cents hommes, sans compter les Maures de tous les douars voisins venus faire leurs présents et apporter des provisions. Il y avait une quantité prodigieuse de chevaux et de mules qui portaient les présents du Pacha et des Alcaïdes de la juridiction et un très grand nombre de tentes, en sorte que cela formait un fort joli camp.

Nous eûmes une grande peine dans le premier campement de voir que l'on conduisait vingt-neuf esclaves chrétiens pour les mettre à la place de ceux que nous devions racheter. Il y en avait huit français, à la vérité moins à plaindre que les autres parce qu'ils étaient des esclaves volontaires, ayant déserté Ceuta pour passer en Barbarie. Nous les exhortâmes à prendre leur mal en patience. On ne leur donne qu'un pain de dix onces par jour sans autre nourriture. Comme nous avions grande abondance de pain et d'autres choses nécessaires, nous en fîmes part à ces malheureux.

Le 14, nous partîmes à la pointe du jour du camp de Fouera. Nous arrivâmes à midi dans une belle plaine. Nous eûmes un fort beau chemin mais une chaleur extraordinaire qui nous fit connaître que nous changions de climat. Les chaleurs sont bien plus grandes à Meknès qu'à Tetouan.

Nous vîmes à droite et à gauche quinze ou seize douars dont la pauvreté ne saurait s'exprimer. En sept heures de marche, à grands pas, nous n'avions fait que quatre lieues. Le Pacha arriva au camp environ une heure après midi. Les gardes et les cavaliers qui l'accompagnaient lui donnèrent le plaisir du jeu de lances et d'escarmouches.

Depuis notre départ de Tetouan, nous n'avions pas trouvé une seule goutte de bonne eau, quoique nous ayons rencontré de temps en temps des fontaines et des rivières, l'eau y étant fort puante, trouble, pleines d'insectes, parce qu'elle n'a point de courant et que les Maures s'y lavent. De sorte que, pendant onze jours de marche, nous avions souffert tout ce que la disette d'eau peut causer de peines à des voyageurs qui marchent dans un climat fort chaud.

Le 15, nous partîmes à la pointe du jour. Nous marchâmes jusqu'à une heure après midi pour faire cinq lieues. Nous campâmes à Bourra. Le 16, à une rivière appelée « Sebout », après avoir fait quatre lieues en huit heures de marche. Le 17 à Cedy-Cassam. Le 18, près d'un grand douar qui porte le nom d'un de leurs saints qui est près de ce lieu. Le 19, on y séjourna pour donner le temps au Pacha et aux autres Maures de visiter le saint. Le Pacha, allant à Meknès, fait des stations à tous ceux qu'il rencontre sur sa route. Le 20, nous partîmes à midi pour nous rendre à Meknès qui n'était éloigné que de trois lieues. Nous n'arrivâmes qu'à la brume. Nous étions plus de 2500. Le nombre des hommes, des chevaux, des mules et des présents grossissait toujours.

« Vois ma misère et ma peine... » (Ps25,18)

Nous avions rencontré en chemin un nommé Bonneau, major d'homme des esclaves français. Pour éviter l'embarras, le Pacha avait donné l'ordre à l'Alcaïde Aldrisac d'envoyer au-devant de nous quarante ou cinquante Maures pour empêcher qu'on nous insultât et nous faire conduire avec sûreté dans son palais. Nonobstant toutes ces mesures, la multitude innombrable des Maures qui s'assemblèrent dans toutes les rues où nous passâmes, les huées des hommes et des enfants, nous faisaient beaucoup de peine et encore plus de peur.

Le 21, tous les esclaves qui purent, par le moyen de quelques blanquilles, se faire dispenser du travail vinrent nous témoigner la joie qu'ils avaient de notre arrivée. A peine eûmes-nous jeté les yeux sur leur misère que la compassion de les voir dans un si triste état fit succéder la douleur à la joie. Après une petite exhortation pour les fortifier et les animer à la persévérance, ils se retirèrent mais non sans verser des larmes. Le soir même, nous leur envoyâmes trois cent cinquante blanquilles pour leur souper à raison de trois blanquilles par tête. Il y avait bien longtemps que ces pauvres infortunés n'avaient pas fait si bon repas.

Ce fut le même jour que Pillet, marchand français de la province de Languedoc, protestant de naissance, fut déclaré mahométan en présence du Roi. Cet homme demeurait en Barbarie depuis trente-cinq ans. Il y avait fait un commerce si avantageux qu'il s'était rendu redoutable à tous les Maures pour l'accès qu'il avait eu auprès du Roi, qu'il s'était acquis par des présents considérables. Mais comme ses dépenses extraordinaires avaient surpassé ses gains, il ne s'était plus trouvé en état de faire des présents et son crédit était tombé. Ses ennemis avaient pris le dessus et obtenu un ordre de la cour pour le faire retirer à Tetouan. Ne sachant plus où se tourner, redevable de sommes considérables, le chagrin le jeta dans un tel désespoir et un tel aveuglement qu'il renonça publiquement à son baptême. Le Roi lui donna le nom d'Abdelhadi, serviteur du Très-Haut. Par cette apostasie, il avait payé toute ses dettes. En sortant de chez le Roi, l'Alcaïde Masapan le conduisit chez lui pour le circoncire. Il choisit pour cette opération un renégat provençal. Après cela, le Roi l'avait marié à une femme qui, de juive qu'elle était, s'était faite mahométane.

Comme nous étions chargés de plusieurs lettres pour les Pères de saint François et pour plusieurs personnes, nous voulions les rendre mais les portiers du palais nous firent entendre par ordre de l'Alcaïde Aldrisac qu'il ne convenait pas de faire aucune visite ni de sortir que nous n'eussions eu audience du Roi. Le Père gardien, qui a le titre de Vicaire apostolique, nous honora de sa visite. Nous nous employâmes à défaire nos ballots et à nous mettre en état de paraître devant le Roi et de lui faire nos présents.

Le 23 au matin, les Pères de saint François envoyèrent deux esclaves nous porter deux douzaines de pain blanc, une grosse bouteille de bon vin et un gros jambon. Nous passâmes cette journée comme les deux précédentes, sans sortir de notre prison. Nous ne voyions le jour que par une ouverture qui était au plafond, où il y avait une grosse grille en fer. Nous eûmes la visite de quantité d'esclaves qui nous attendaient depuis plus d'un an. Pressés par l'envie qu'ils avaient de nous voir, ils avaient sacrifié le peu d'argent qu'ils avaient pour se faire dispenser du travail et payer l'entrée au garde du palais du Pacha où nous étions logés. D'autres, n'ayant pas d'argent avaient vendu leurs hardes. Nous les remboursâmes et obtinrent pour eux entrée libre avec promesse, sitôt que nous aurions eu audience du Roi, de les visiter tous les jours dans leur canot, lieu où se retirent les esclaves après le travail et où ils sont enfermés pendant la nuit.

« Sois attentif, mon Roi, mon Dieu... » (Ps 5,3)

Le Pacha, qui avait couché dans son Alcassave, distante seulement d'une lieue de Meknès, arriva au soleil levant avec tous ses présents, qu'on estimait à deux cent cinquante mille piastres. Il se présenta devant le Roi à huit heures du matin. Il en eut le meilleur accueil du monde. Pour convaincre tous les Maures de l'estime qu'il en avait, le Roi retira le cafetan jaune qu'il avait et le lui donna, disant qu'il ne le regardait pas comme son sujet mais comme son fils.

Le 24, il nous conduisit à l'audience du Roi. Nous lui demandâmes par grâce que nos présents fussent portés à découvert par des chrétiens. Il l'accorda mais à la première porte de l'Alcassave les Maures arrachèrent de force les présents que nos chrétiens portaient et nous précédèrent.

Ces présents consistaient en deux grands miroirs, un

fusil de chasse garni d'argent, deux pièces de brocart à fond d'or, une d'écarlate des Gobelins, cinq autres draps de différentes couleurs, trois grandes caisses de faïence de Chine, une de confiture, une de sucre, une de thé et une de cabarets de Chine, quatre douzaines de chamois et trois gros chiens.

Quand nous fûmes à dix pas du Roi, nous lui fîmes trois révérences.

Ce prince était assis, les jambes croisées, dans une calèche. Un Maure se tenait derrière lui avec un grand parasol et, de l'autre côté, deux autres avaient des chasse-mouches. De taille moyenne, le visage long et un peu maigre, les yeux noirs, la barbe blanche, il était âgé. Il nous fit signe d'avancer et de nous mettre un peu à côté. Un renégat portugais lui parla et il nous fit répondre qu'il se réjouissait de notre arrivée, que nous étions les bienvenus. Se tournant du côté du Pacha de Tetouan, il dit que nous étions ses enfants et qu'il donnât ses ordres afin que rien ne nous manquât.

Le Roi arrêta longtemps sa vue sur nos présents. Jean Léonard, esclave espagnol qui préside à la fabrique des armes, homme de vertu pour qui le Roi a beaucoup d'égard, afin d'avoir occasion de nous rendre service lui présenta le fusil qu'il examina avec attention. Il demanda de l'argent à un Alcaïde pour le donner à ce Léonard qui ne se présente jamais devant le prince sans en recevoir quelque gratification. Il demeura là pour nous dire si notre interprète avait été exact.

Le Roi fit signe d'apporter les présents dans ses appartements, à l'exception des chiens qu'il garda près de lui.

Il dit au Pacha qu'il approuverait ce qu'il conclurait pour le rachat de nos chrétiens esclaves. Dans l'instant, le Pacha quitta le côté du Roi, alla devant lui, se jeta à terre et la baisa trois fois pour marquer sa reconnaissance. Le Roi lui répéta qu'il était fort content de nous et de nos présents. Il lui ordonna de nous faire reconduire.

« Tout, dans son Palais, s'écrie : Gloire ! » (Ps 29,9)

Nous ne pouvons décrire complètement le palais du Roi mais seulement rapporter ce que nous avons vu de dessus la tour de l'Alcaïde Masapan, homme fort à craindre car très proche du Roi (on nous avait dit d'avoir pour lui beaucoup d'égards).

Le pourtour nous parut de plus d'une demie lieue, sans les jardins. Il y a une si grande quantité de « michoirs » que cela forme une petite ville avec quelques rues tirées au cordeau. Nous aperçûmes plusieurs fontaines. Les maisons ont la forme d'un cloître religieux, comme souvent en Barbarie ou en Espagne, soutenues par des colonnes de marbre blanc, à plate forme ou couvertes de tuiles bien vernissées, séparées par des jardins, au milieu desquels il y a une cour ou un jardin. Un michoir comporte quatre corps de logis.

Celui du Roi est avec vingt-cinq colonnes de marbre blanc de chaque côté, huit sur la largeur et, à chaque coin, une très belle fontaine en coquille de marbre blanc, au contour pavé de carreaux de marbre de différentes couleurs. Pour les dedans, comme personne n'y entre que les ouvriers et quelques esclaves de service, voici ce qu'ils nous en ont dit. La « coupe » du Roi est un grand pavillon de deux chambres. Celle où est le lit a soixante pas en carré. Le plancher est en petits carreaux de différentes couleurs et couvert d'un tapis d'une épaisseur extraordinaire. Le plafond est fort élevé et orné de toutes sortes de fleurs en peintures. Le lit est en fer doré. Aux quatre murs sont des râteliers garnis de fusils, de pistolets, de sabres et de lances. L'autre chambre s'appelle « doirie », où le Roi se lave, pavée de marbre blanc, avec au milieu un grand fourneau pour entretenir toujours chaude l'eau qui sort d'une fontaine naturelle, de sorte que le bain est toujours tempéré.

L'appartement de la Reine, ou « chery », est proche de la coupe du Roi. C'est un pavillon semblable, un endroit si secret que personne ne nous en a pu dire aucune particularité. La loi ne permet que quatre femmes légitimes à chaque particulier, au Roi comme aux autres. Les autres michoirs qui environnent le logis du Roi sont plus petits mais de la même forme. Il faut qu'il y ait bien des corps de logis dans l'Alcassave pour contenir douze mille personnes qui y sont renfermées, tant femmes que petits enfants. Le Roi a de nombreuses concubines. Lorsque les femmes ont eu de lui un enfant mâle, il leur est permis de le garder dans le logis jusqu'à dix ans. Les fils du Roi ne sont distingués que par un grand anneau d'or, avec une grosse perle qu'ils ont à l'oreille.

Il y a aussi dans l'Alcassave trois cents noirs eunuques pour servir les femmes, beaucoup d'ouvriers travaillant de côtés et d'autres et un grand corps de logis à plusieurs magasins qui renferment les choses les plus précieuses, comme or, argent, et les étoffes les plus fines. Dans la tour d'une des « gemmes » (ou chapelles), un homme monte neuf fois par jour pour appeler à la prière. Les femmes n'entrent jamais dans la gemme, elles font leurs prières dans leur maison, après avoir observé tout ce qui est prescrit par la loi de Mahomet.

« Qui nous fera voir le bonheur ?.. » (Ps 4,7)

Immédiatement après l'audience du Roi, nous fûmes avec beaucoup d'empressement au canot où étaient nos pauvres esclaves au nombre de cent trente. Ils eurent une joie extraordinaire de nous voir, particulièrement deux qui n'avaient point eu de blanquilles pour donner aux tyrans qui gardaient les portes de notre logis. Nous fûmes d'abord faire notre prière à leur chapelle qui est grande et assez bien ornée. Ensuite nous visitâmes l'hôpital où étaient plusieurs malades. Nous leur donnâmes de la consolation par nos paroles et quelques aumônes que nous laissâmes entre les mains du major-d'homme pour leur acheter quelque chose au-dessus de ce qu'ils ont de la miséricorde.

Les esclaves génois vinrent nous saluer en corps. Nous allâmes les voir. Ils nous offrirent des rafraîchissements, comme nos esclaves français avaient fait, mais nous les remerciâmes les uns et les autres. Les Génois ont une petite chapelle très propre où ils font dire la messe quand ils ont un prêtre. Ils ont aussi un hôpital particulier, qui est fourni de toutes sortes de médicaments. Ils n'étaient pas plus de vingt de cette nation.

Les esclaves espagnols vinrent aussi nous voir. Ils étaient

au nombre de trois cent cinquante. Leur hôpital est chez les Pères de Saint François, qui ont un soin particulier des malades. Ils ont pour leur nation un médecin, un chirurgien et un habile apothicaire.

Les esclaves portugais étaient cent soixante, entre lesquels il y avait un Père jésuite, qui dit tous les jours la messe dans le canot à deux heures du matin, ce qui est d'une grande consolation pour ceux d'entre les esclaves qui mènent une vie plus chrétienne que les autres. Il y en a un grand nombre qui ne manque jamais d'entendre la messe. Ce Père jésuite nous était fort recommandé par un fils du Roi, qui avait pour lui de la vénération. Notre inclination aussi nous portait à le retirer des fers, si le Roi nous eût voulu accorder des esclaves pour de l'argent. Il ne nous parut pas que ce Père jésuite songeât à la liberté, à cause du besoin qu'en avaient les esclaves de sa nation.

C'est une chose digne d'admiration de voir comment tous les pauvres esclaves peuvent subsister avec le peu de nourriture que le Roi leur fait donner, qui consiste dans un pain qui ne pèse que dix onces, sans autre chose, accablés par un travail qui commence à la pointe du jour jusqu'à la nuit sans discontinuer, par la pluie, par les ardeurs du soleil, sans aucune relâche dans toute la journée. Si quelqu'un quelquefois par faiblesse discontinue pour un moment, un Alcaïde le frappe impitoyablement sans avoir égard ni à l'âge ni à quelque mal accidentel qui l'a fait cesser de travailler.

On ne saurait exprimer la grande charité que tous les esclaves ont les uns pour les autres. Quand l'Alcaïde qui est chargé de donner le pain ou de quoi le faire a manqué, ce qui arrive très souvent, un esclave à qui il en est resté un morceau le partage pour soulager la faim de son frère. On en voit très souvent qui vendent les hardes dont ils ont besoin pour assister les autres dans ces fortes occasions. C'est cette grande charité de s'aider mutuellement qui leur attire la grâce de la persévérance dans la foi de Jésus Christ. Nous étions si édifiés de cette conduite qu'elle nous fit prendre la résolution de laisser un secours considérable entre les mains du major-d'homme pour augmenter le fond de miséricorde. Il est de son devoir de le faire valoir en faisant du vin et de l'eau-de-vie, qui se vendent aux Maures en cachette, avec quelque profit qui est employé pour les besoins de l'hôpital. Le reste est distribué deux fois l'année à tous les esclaves.

Les Hollandais étaient au nombre de soixante-dix; les Anglais, quatre, quoiqu'il y ait paix avec l'Angleterre. Nous n'en trouvâmes point du pays de Lorraine. Nous avions bonne intention de le retirer s'il y en eût eu. Cela nous était recommandé par saint A. R. M. le Duc de Lorraine qui a tant donné de marques de sa charité pour les captifs et qui par sa protection nous a fait distribuer beaucoup d'aumônes pour eux dans ses états.

En sortant du canot, nous nous rendîmes chez les Pères de Saint François, qui nous avaient fait l'honneur de nous prévenir par leur visite et les rafraîchissements qu'ils nous avaient envoyés. Le Père Gardine fit venir toute la communauté composée de dix Religieux prêtres et de deux frères. Nous ne saurions dire les honnêtetés et les offres de service qu'ils nous firent. Après une petite conversation en latin et en espagnol, ils nous conduisirent dans une grande chapelle où tous les chrétiens des environs entendent la messe. Ensuite ils nous firent monter par un petit escalier, au bout duquel nous trouvâmes une petite chapelle fort propre et bien à l'écart où ils ont la consolation d'avoir le Saint Sacrement, afin d'être en état de l'administrer non seulement aux malades qui sont dans leur hôpital mais à ceux du canot et aux autres qui sont mariés et qui ont des maisons particulières. Cela se fait fort secrètement et avec beaucoup de précaution.

« Le Seigneur voit le chemin du juste... » (Ps 1,6)

Revenant de chez eux, une dame portugaise, âgée d'environ cinquante ans, qui s'appelle Donã Philippa, nous fit dire par une noire qui est à son service, que nous lui ferions un sensible plaisir d'entrer un moment chez elle. Nous demandâmes à deux esclaves chrétiens qui nous accompagnaient qui était cette dame. Ils nous répondirent, que c'était la femme d'un marchand portugais qui était alors en Espagne ; qu'elle avait été prise, il y avait environ six ans, avec un fils et une fille, en allant joindre son mari.

La réponse des chrétiens nous détermina de satisfaire la curiosité de cette dame. Elle loua beaucoup notre zèle de venir de si loin pour rompre les fers de nos frères captifs. Elle nous conta son sort très digne de compassion et nous présenta ensuite une collation de confitures avec de l'eau selon la coutume d'Espagne et du Portugal.

Il y a des choses si particulières et si édifiantes dans ce qu'elle nous dit, et que nous avons appris d'ailleurs, que nous ne saurions nous empêcher de les rapporter.

Cette infortunée Donã Philippa avait été conduite à Meknès avec ses deux enfants. Aussitôt que le corsaire fut arrivé à Salé, on l'amena d'abord à la Reine, qui la prit pour son esclave avec ses deux enfants. Sa douleur fut extrême de voir le fruit de ses entrailles engagé dans son malheur. Cependant ce malheur même l'empêcha d'entrer dans le sérail du Roi, qui ne porte jamais ses vues ni sa concupiscence sur aucune femme en puissance de mari. Si elle n'eut pas eu d'enfants, elle aurait eu beau dire qu'elle avait son mari, on n'y aurait pas ajouté foi.

La Reine, qui est aussi ennemie du nom chrétien que le Roi, n'oublia rien pour engager cette pauvre esclave à renoncer à sa religion. Pour en venir à bout, elle lui fit beaucoup de caresses, lui fit donner des habits magnifiques, des joyaux très précieux, des bracelets d'or et de perles les plus belles, et tous les mets qui pouvaient flatter son goût. Des noires la servaient fort exactement mais aussi lui soufflaient du matin au soir les mensonges de leur prophète.

Cette vertueuse dame, plus attentive aux vérités de la religion catholique qu'au faste imaginaire qu'on lui promettait, méprisa pendant un an ces caresses, ces habits superbes et la bonne chaire qu'on lui faisait. Elle confessait le nom de Jésus Christ pour qui elle était prête de donner son sang. La Reine, irritée de voir que toutes les voies de douceur n'avaient fait aucune impression sur le cœur de notre fidèle esclave, qu'elle fermait les oreilles à tout ce qu'on lui disait contre la religion catholique, qu'elle disait hautement qu'elle voulait mourir plutôt que d'y renoncer, changea sa tendresse en menaces, lui ôta ses beaux habits, lui fit prendre de vieux haillons, ne lui fit donner que du pain fort noir.

Voyant encore que ce traitement n'avait pu changer son cœur, elle l'abandonna à la rage de ses esclaves noires pour tâcher de lui faire faire par les mauvais traitements, les coups et la faim, ce qu'on n'avait pu obtenir d'elle par de trompeuses caresses. Ces noires, comme des tigres, la tourmentèrent autant de temps qu'on avait essayé de lui inspirer l'impiété par les voies de douceur. Il n'y eut point de tourments qu'elles ne lui fissent souffrir, coups de verges, de fouets, de cordes, de bâtons et enfin elles lui appliquèrent deux fois le fer et le feu aux endroits du corps les plus sensibles.

La Reine, convaincue que la douceur ni la rigueur n'avaient pu ébranler son cœur véritablement chrétien, la fit sortir de son Alcassave avec ses deux enfants qu'elle avait élevés dans la crainte de Dieu. Elle était toujours esclave de la Reine et obligée de se présenter de temps en temps à l'Alcassave lorsqu'on la demandait.

En 1723, elle y fut appelée avec ses enfants et entendit que la première servante de la Reine loua beaucoup la beauté de sa fille âgée de seulement dix ans. Ces louanges furent comme un coup de poignard pour une mère chrétienne qui appréhendait qu'on ne lui enlevât cette innocente victime pour satisfaire la passion du Roi. A peine cette pauvre esclave fut-elle de retour dans sa maison qu'elle pensa sérieusement aux moyens d'éviter ce malheur.

Il n'y en avait point d'autre que de lui donner un époux, quoiqu'elle n'eût pas atteint l'âge ordonné par l'Église. La mère en parla au Père gardien des Récolets, qui est vicaire apostolique. Il approuva ce dessein. Il y avait un jeune esclave espagnol qui avait déjà dit quelque chose d'avantageux de la jeune personne. On lui fit la proposition de mariage qu'il accepta avec plaisir. Quoique le consentement des parties soit la chose nécessaire et essentielle dans le sacrement du mariage, aussi bien que le consentement des pères et mères, ou des plus proches parents, il faut encore en Barbarie que les esclaves obtiennent la permission de leurs patrons. Il n'était pas aisé d'avoir celle de la Reine qui n'accorde de grâces, surtout aux chrétiens, qu'à force d'argent. La mère se détermina de lui demander cette permission avec promesse, si elle l'accordait, de lui donner tout ce qu'elle avait. Son mari et sa mère lui faisaient tenir de l'argent de temps en temps. La Reine consentit au mariage. L'esclave espagnol de son côté obtint permission de son alcaïde. Par ce sacrement, la jeune personne mit son bonheur et sa religion à couvert et délivra son mari des travaux du Roi, car ce prince en effet ne fait travailler ni ecclésiastiques, ni religieux, ni esclave marié.

« Pourquoi ce vain grondement ?.. » (Ps 2,1)

Nous demandâmes une audience au Pacha. Il nous répondit par notre interprète renégat qu'il donnait pouvoir à ses deux écrivains de traiter de toutes choses et qu'il approuverait tout ce qu'ils feraient. Nous souhaitions encore d'avoir un esclave français pour interprète, au lieu du renégat, ce qui nous fut accordé.

Les propositions que les écrivains nous firent étaient tout à fait contraires à ce qui nous avait été écrit à Gibraltar et à Ceuta, et même à ce que l'Alcaïde Lucas nous avait dit à Tetouan de la part du Pacha : que nous aurions nos esclaves au prix de trois cent piastres chacun. Cela nous mit dans une grande désolation. Les écrivains nous firent entendre que le Pacha devait partir le lendemain et que nous eussions à nous déterminer et à dire notre dernière résolution. Nous répondîmes que nous avions écrit en France à notre Père général les premières propositions qui nous avaient été faites de la part du Pacha, que nous en avions reçu réponse et ne pouvions passer ses ordres.

Le premier écrivain sortit et alla faire part au Pacha de notre résolution, de ne point aller au-delà des trois cents piastres. Il revint un quart d'heure après. Il nous dit qu'elle ne convenait pas à son maître. Nous nous séparâmes là-dessus, lui disant que puisqu'il n'y avait pas lieu de racheter nos pauvres frères esclaves, nous demandions au Pacha de nous faire partir avec lui, pour nous rembarquer à Tetouan. On nous assura que c'était son intention.

Il nous envoya demander six tasses de Chine et six soucoupes pour un fils du Roi. L'après-midi encore, douze peaux de chamois pour le Roi, ce que nous accordâmes volontiers, en apparence. Nous donnâmes même quelques blanquilles à ceux qui vinrent nous demander ces deux présents de sa part. Il fallait paraître indifférents malgré nous et contenter l'avidité de ceux qui croyaient pouvoir tout exiger de nous. Nous voulions seulement parvenir à un traité raisonnable dans l'espérance de retirer avec nos fonds une bonne partie de nos esclaves, si nous ne pouvions avoir le tout.

Le 28, nous apprîmes que le Pacha devait avoir son audience de congé le lendemain. Cela nous donna beaucoup d'inquiétude de voir que l'unique personne en qui nous avions mis notre confiance nous laissa dans un pays où tant, comme des animaux féroces, cherchaient à nous dévorer, chacun en leur manière, les uns nous demandant des présents en nous offrant leurs services, d'autres nous faisant dire de ne les pas oublier et enfin plusieurs nous disant hautement que si on ne leur donnait, ils renverseraient tous les projets par l'accès qu'ils avaient auprès du Roi. Il n'est pas aisé de comprendre quel était notre trouble et l'abîme de douleur où nous étions plongés.

Sidi Mahamet Hamedi, second écrivain du Pacha, vint nous dire de sa part qu'il partirait aussitôt qu'il aurait eu son audience de congé du Roi et qu'il ne pouvait pas nous remmener; que nous fissions faire par qui nous voudrions la proposition du rachat de nos esclaves; que pour lui, il ne pouvait pas moins offrir au Roi que quatre cents piastres effectives, et un Maure pour chaque esclave.

Cet écrivain nous ajouta que si nous n'acceptions pas cette condition, nous tomberions infailliblement dans les mains d'autres plus affamés, qui nous traiteraient avec beaucoup plus de rigueur, et qu'après nous serions encore obligés de passer par les mains du Pacha puisque le Roi l'avait laissé maître de l'ajustement qu'il ferait avec nous. Ce discours nous surprit si fort que nous demeurâmes sans parole. Nous passâmes la nuit à faire nos réflexions.

« Guide-moi dans ta justice... » (Ps 5,9)

Après avoir été célébrer la messe au canot de nos pauvres captifs et avoir demandé les lumières du Saint Esprit, nous nous consultâmes ensemble sur le parti que nous devions prendre dans une affaire aussi importante, qui demandait une prompte délibération, sans avoir aucune personne dont nous puissions recevoir des avis et des conseils. Nous apercevions des écueils inévitables de tous côtés.

Après avoir employé encore une partie de la matinée à penser sur ce que nous avions à faire, nous tombâmes tous trois d'accord que de deux maux il fallait éviter le plus grand. Nous fîmes dire au Pacha que jusqu'à présent nous avions suivi tous ses avis ; que nous avions fait sa volonté en toutes choses, non seulement pour ce qui le regardait personnellement, mais encore pour le choix des présents que nous avions donnés au Roi et aux reines ; qu'il nous les avait fait augmenter de moitié, nous assurant qu'avec sa protection cela nous ouvrirait le chemin à une heureuse négociation ; et que, dans cette confiance, nous remettions toute chose entre ses mains.

Nous ne fîmes cette dernière démarche qu'à l'extrémité, car de toutes parts nous envisagions mille dangers. Nous étions à la vérité logés dans un palais qui ressemble à une prison. Nous avions deux chambres sans fenêtre, un petit salon en faisait la séparation. Pour en sortir, il y avait sept à huit portes à passer, à chacune desquelles étaient plusieurs gardes, de qui on ne recevait que de fort mauvaises paroles.

« Agrée l'offrande de mes lèvres... » (Ps 119,108)

Un soir, on vint nous avertir que le nommé Bertrand Massion, esclave, était fort mal. L'un de nous alla au canot assister le pauvre malade, qui avait confiance en lui. Il l'exhorta à souffrir son mal avec patience, à se soumettre à la volonté du Seigneur. Il lui reconnut des marques d'une parfaite résignation. Deux heures après, il tomba en agonie. Il avait reçu tous les sacrements avec bien de la connaissance et de la piété. Les prières accoutumées furent dites en présence d'autant d'esclaves que l'hôpital en pouvait contenir. Sur les dix heures, il rendit son âme à son créateur. Il était âgé de soixante-deux ans. Né à Bordeaux, il avait été trente-cinq ans dans l'esclavage. Pendant tout ce temps, il s'était comporté en honnête homme et en bon chrétien. Il avait souffert plusieurs fois le martyr des coups de corde et de bâton : nous vîmes son corps chargé de mille plaies qu'il avait reçues, une partie de la main des enfants du Roi, au service desquels il était, et les autres par leurs ordres, pour le faire renoncer à la Foi. Outre les plaies des coups de couteau, de corde et de bâton, dont son corps était couvert, il avait encore enduré le tourment des cercles de fer à la tête et avait été une fois précipité avec trente autres, par ordre du Roi, du haut d'une muraille de trente pieds de hauteur, dont tous ceux qui ne furent pas tués, ou qui ne contrefirent pas les morts, furent achevés à coups de fusils. Dans une autre occasion, on l'avait fait prendre par quatre noirs, qui l'avaient jeté par trois fois le plus haut qu'ils avaient pu pour le faire retomber sur la tête.

Voilà une partie des tourments qu'il nous avait déclaré avoir soufferts, ce qui nous fut confirmé par plusieurs esclaves qui en avaient été témoins. Quoique ce pauvre chrétien soit mort dans son lit, il y a lieu de croire que le Seigneur l'a récompensé de la couronne du Martyre qu'il a enduré plusieurs fois pour la confession de son saint nom.

Après sa mort, le major-d'homme nous conduisit dans une chaumière proche du canot que l'industrie d'un esclave avait bâtie. Nous y prîmes quelque repos. Sur les deux heures du matin, on vint nous avertir qu'il était temps d'aller dire la messe. On avait déjà porté le corps du défunt dans la Chapelle, où un Père de l'Ordre de Saint François achevait la sienne. La coutume est de ne la dire que de nuit, de peur d'être insulté par les Maures, et pour ne pas exposer le Corps et le Sang de Notre Seigneur à la profanation. On enterra l'esclave dans le cimetière des chrétiens.

« Tu n'es pas un Dieu ami du mal... » (Ps 5,5)

Il avait fait un si fâcheux temps que le Roi n'était pas sorti. L'audience de congé du Pacha avait été remise. Le 30, le Roi la lui donna à 8 heures du matin.

Sur la fin du jour, le Pacha nous fit dire que, quoiqu'il fût expédié du Roi, il ne sortirait point de Meknès que notre négociation ne fût conclue et que nous avions tout lieu d'en espérer un heureux succès, le Roi ayant été fort content de nous et de nos présents, et la Reine aussi, qui avait paru si satisfaite qu'elle n'avait pu s'empêcher de le dire au Roi.

En arrivant à l'Alcassave, le plus âgé des fils du Roi, qui réside à Meknès, témoigna au Pacha qu'il avait envie de nous voir. Il nous l'envoya dire. Nous nous rendîmes à un appartement qu'occupe ce fils du Roi dans une des cours de l'Alcassave. Il nous reçut avec caresses. Il était assis les jambes croisées sur un fort petit coussin de cuir et fit apporter une natte pour nous mettre auprès de lui. Il n'y avait point d'autres meubles ni ornements dans la chambre. Il était accompagné de quelques-uns de ses frères, qui étaient assis sur le carreau. L'un d'eux parlait fort bien la langue espagnole. Il expliquait à son frère ce que nous lui disions et à nous ce que son frère disait. La visite se passa à nous louer d'être venus de si loin pour chercher nos frères ; à s'informer des manières de France, des lois et des coutumes, et il nous dit ingénument ces paroles remarquables que les chrétiens se servaient de la raison et que, pour eux, ils n'en faisaient point assez usage. Il ajouta que le Roi son père était bon mais que ceux qui l'approchaient étaient très mauvais. Il nous fit entendre qu'il nous enverrait quelques peaux de lions et de tigres et des œufs d'autruches. Prenant congé de lui, il nous prit la main à tous trois.

« Tu sais les angoisses de mon âme… » (Ps31,8)

Nous passâmes les journées dans les mêmes agitations d'espérance et de crainte. Le premier novembre, le bruit se répandit que le Pacha devait partir ce jour-là pour Tanger. Nous fîmes toutes nos diligences pour avoir audience de lui mais il y eut toute la journée une si grande quantité de monde que nous ne pûmes l'obtenir. Toute la grâce que l'on nous accorda fut de nous faire parler à son second écrivain, qui ne nous dit point le jour du départ mais seulement nous prétexta que nos affaires étaient en bon train, sans pouvoir tirer autre chose de lui.

La nuit du premier au second, nous entendîmes un bruit extraordinaire de gens qui allaient et qui venaient, ce qui nous fit juger du départ du Pacha. Nous nous levâmes à la pointe du jour pour demander la cause de tant de mouvement. On nous répondit que c'étaient des équipages qui étaient partis mais que le Pacha ne l'était pas encore. Un moment après, il nous envoya chercher et nous dit qu'il était très fâché de s'en aller sans nous, que ses affaires l'obligeaient de partir mais qu'il nous donnait sa parole qu'il ne sortirait point d'Alcassar où il allait que nous n'y fussions arrivés ; que les nôtres étaient conclues et que nous serions très contents ; qu'il en avait chargé l'Alcaïde Aldrisac, qui ferait les choses mieux que lui-même pour ménager notre argent et pour obtenir ce que nous désirions ; que nous aurions notre audience de congé au premier jour que le Roi sortirait ; qu'il nous laissait son second écrivain et les deux cavaliers qui nous avaient amenés de Tetouan à Alcassar pour notre sûreté et pour nous faire trouver sur notre route toutes les choses nécessaires à la vie. Sur les huit heures du soir, le second écrivain vint nous dire les ordres qu'il avait reçus de son maître à notre occasion.

Notre inquiétude continuait et celle des esclaves qui étaient dans l'attente de leur liberté. Le 4, à huit heures du matin, on vint nous avertir de la part de l'Alcaïde

Aldrisac que le Roi nous la donnerait ce jour-là. Nous nous rendîmes à l'Alcassave avec notre présent que nous fîmes porter par nos esclaves chrétiens. C'étaient une pièce de brocart d'or, une pièce de drap, six pièces de toiles de Cambrai, quatre de Hollande, et autant de thé qu'au premier présent.

« Rien dans leur bouche n'est sûr... » (Ps5,10)

Quand nous fûmes arrivés dans la cour où était le Roi, nous l'aperçûmes entouré d'une grande quantité de Maures, les uns pour demander des grâces, les autres pour entendre leur sentence et subir la peine de leur crime. Il avait un cafetan noir, espèce de manteau ou cape. C'est une des couleurs qui dénote qu'il va ordonner quelque exécution. Le Roi en condamna quatre à avoir la gorge coupée. Nous les vîmes conduire au lieu du supplice mais, avant qu'ils y fussent arrivés, quelqu'un demanda grâce que le Roi accorda. Il les interrogea à nouveau et leur fit donner à chacun trois cents coups de bâtons. Tout cela fut exécuté sur le champ et devant nous. Le Roi veut que les étrangers soient témoins de la rigueur de sa justice. Comme nous avions témoigné une grande répugnance d'assister à ce spectacle, on nous fit entendre que le Roi, à cause de nous, avait commué la peine de mort.

On nous fit approcher. Le Roi examina nos présents puis les fit porter dans ses appartements et nous fit dire de nous asseoir devant lui à deux pas de distance. Nous le fîmes, les jambes croisées à la mode du pays, les pieds bien cachés. Nous étions exposés à l'ardeur d'un soleil très piquant, quoique dans une saison avancée. Le Roi parla fort longtemps à l'Alcaïde, qui paraissait notre protecteur. Il nous fit signe de nous avancer. Nous lui fîmes trois révérences, et notre compliment en peu de mots. L'interprète lui expliquait. Nous nous retirâmes en lui faisant encore trois profondes révérences.

L'Alcaïde nous ayant conduits à l'extrémité de la cour, nous fit dire par notre interprète que le Roi nous accordait trente-deux esclaves à trois cents piastres chacun et un Maure, et encore huit qu'il nous donnait pour nos présents. Cette nouvelle nous donna bien de la joie.

Mais elle fut bientôt troublée. Avant de sortir de la dernière cour, l'Alcaïde Aldrisac vint nous rejoindre. Il nous dit que le Stanquer (receveur des deniers du Roi) avait fait des plaintes à ce prince que le sieur Meuve, marchand français résident à Tetouan, lui devait quatre ou cinq mille piastres et que le Roi lui avait dit de nous les faire payer. Nous répondîmes en peu de mots que nous n'étions pas venus pour payer les dettes des marchands français mais pour racheter les pauvres captifs de notre nation. Notre réponse fut portée au Stanquer, qui passa un moment après devant nous et nous dit d'un ton menaçant que nous ne sortirions pas de Barbarie que nous ne l'eussions satisfait sur la dette du sieur Meuve.

L'espérance de la liberté qu'attendaient quelques-uns de nos esclaves s'évanouit bientôt. L'Alcaïde Moulou, renégat portugais, nous dit la mauvaise nouvelle : le Roi ne voulait plus nous donner que treize ou quatorze esclaves en tout. L'Alcaïde Aldrisac nous fit venir chez lui. Nous y trouvâmes le Stanquer qui nous somma de payer ce que lui devait le sieur Meuve, que nous étions obligés de payer les dettes du Consul de France. Nous lui répondîmes que nous étions venus en Barbarie avec passeport du Roi et sous la protection du Pacha de Tetouan pour racheter nos pauvres esclaves des deniers et aumônes des fidèles et que nous ne pouvions pas en faire un autre emploi ; que tout notre argent destiné à une œuvre si pieuse était en terre chrétienne et ne pouvait nous être délivré qu'à mesure que nous y ferions entrer des esclaves français ; que nous donnerions plutôt tous trois la dernière goutte de notre sang que de faire un si mauvais emploi des deniers aussi sacrés que ceux dont nous étions chargés.

« Le Seigneur a mis à part... » (Ps 4,4)

Le Roi ordonna que le lendemain on fit assembler à l'Alcassave tous les captifs français pour en choisir le nombre qu'il nous avait promis. Tous s'y trouvèrent, chacun désirant d'entrer dans celui des élus. Il n'y en avait point qui n'eût quelque espérance, quoiqu'à la vérité celle des plus jeunes et des plus robustes ne pût être fondée que sur l'espérance que conserve toujours le cœur humain que son sort ne sera pas toujours malheureux.

Les Alcaïdes Masapan et Moulou prirent quinze des plus vieux captifs. Ils les firent passer devant le Roi qui approuva le choix. Ce fut tout ce qu'il voulut nous donner. Le Stanquer avait tout mis en usage pour empêcher le Roi de nous en donner un plus grand nombre.

On nous remit les 15 que le Roi nous accordait pour nos présents.

« Leur gosier est une tombe béante... » (Ps 5,10)

Un noir, gardien du canot, qui n'avait pas voulu se contenter du droit qu'on paye ordinairement pour chaque esclave qui est mis en liberté, vint comme un furieux, avec d'autres tyrans comme lui, nous demander beaucoup plus. Il déchargea sa colère sur un de nos esclaves, à coups de pierre. Il voulait lui faire donner cent coups de bâton si nous ne lui eussions donné ce qu'il demandait.

On nous fit encore rester le 10 et le 11 à Meknès. Ce n'était pas sans inquiétudes. A tout moment, nouvelle demande : des juifs, qui disaient s'être employés ; un écrivain qui voulait son droit pour un nouveau passeport qui nous était, disait-il, nécessaire ; l'interprète, qui n'était pas suffisamment satisfait ; quelques-uns à qui nous avions donné des piastres disaient qu'elles ne s'étaient pas trouvées de poids ; le maître de la maison où nous étions logés par l'ordre du Roi et qui voulut avoir dix ducats quoique nous lui eussions donné de la porcelaine de la Chine, une pièce de drap, des peaux de chamois, du sucre, des boîtes de confitures, du thé, un cabaret de la Chine et un grand miroir.

« Le pauvre ne sera pas toujours oublié... » (Ps 9,19)

Nous allâmes au canot dire adieu aux esclaves qui restaient en captivité bien malgré nous. Nous les exhortâmes à demeurer fermes dans la foi. Nous leur fîmes espérer que d'autres de nos pères reviendraient dans un temps plus favorable. Nous eûmes la consolation, dans la douleur où nous étions de les quitter, de les trouver bien résolus de souffrir plutôt la mort que de renoncer à la religion. Ils étaient bien persuadés par nos démarches, dont ils avaient été témoins, qu'il n'avait pas tenu à nous de les tirer de leur dure captivité. Nous laissâmes deux cents piastres entre les mains du major-d'homme pour les soulager. Nous en prîmes un reçu certifié par le Père gardien des Récolets, Vicaire apostolique. Nous leur laissâmes aussi des caisses d'onguent et de drogues pour les médecines, du linge pour l'hôpital, des douceurs pour les malades, des chemises, des bas, des souliers, sans compter quelques aumônes particulières à quelques-uns qui nous paraissaient dans un plus grand besoin, en sorte que nous n'en vîmes aucun dans le désespoir. Nous partions cependant le cœur plein d'amertume. Notre silence exprimait tout ce que nous sentions. De retour à notre maison, nous trouvâmes des mules pour nous et nos esclaves délivrés de leurs fers.

« Comme les torrents du Néguev... » (Ps126,4)

Nous sortîmes à cinq heures du soir. Nous marchâmes jusqu'à dix heures, dans une nuit fort obscure, avec une petite pluie. Nous nous arrêtâmes à un douar où il n'y avait que deux petites chaumières, pour y passer le reste de la nuit.

Le lendemain de grand matin, nous en sortîmes pour aller camper dans une petite plaine. Nous marchâmes jusqu'à midi et trouvâmes une rivière. Elle était fort enflée des pluies qu'il avait fait les jours précédents. Nous en fîmes sonder le gué par trois endroits différents pour voir si nos mules pourraient passer. On trouva le fond assez bon, pourvu que deux hommes tinssent chaque mule pour les empêcher de s'abattre. Dans cette confiance, nous hasardâmes le passage. Quelques mules qui étaient fort petites nagèrent en quelques endroits. Deux s'abattirent, il fallut les relever à force de monde. Nos hardes furent mouillées, et toutes nos provisions de bouche. On s'arrêta au bord de cette rivière pour manger, puis nous marchâmes encore quatre heures et allâmes camper le soir près d'un ruisseau. Cet endroit n'a point de nom, non plus que la plupart des douars. Le lendemain, nous reprîmes la route avec une petite pluie qui s'augmenta toujours jusqu'à deux heures après-midi. Nous en fûmes traversés jusqu'aux os. Nous avions deux de nos esclaves malades et nous appréhendions le mauvais temps pour eux plus que pour nous. Le reste de l'après-dîner fut assez beau, le soleil sécha nos habits et nous arrivâmes à Alcassar.

Nous campâmes près de la ville. Le Gouverneur vint nous voir aussitôt qu'il en eut été informé. Le Pacha de Tetouan lui en avait donné l'ordre. Il nous envoya un moment après un mouton et du pain. Sur les sept heures du soir, il revint poser dix gardes autour de notre tente. Nous avions besoin de ce repos, et encore plus quelques-uns de nos esclaves. L'écrivain du Pacha arriva et nous dit qu'il avait un nouveau passeport du Roi pour sortir de ses états mais que c'était à son maître de nous le remettre et qu'il avait ordre de nous conduire à Tanger, au lieu d'aller à Tetouan.

Le lendemain était un vendredi, jour de leur sabbat. Cela nous fit rester tout le jour dans notre tente. Le soir, nous nous aperçûmes que Pierre Petra, l'un de nos chrétiens délivrés, était fort mal d'un asthme dont il était atteint depuis plusieurs années. Le Père Darcisas le confessa et le prépara à la mort, qui était si proche qu'il mourut à dix heures avec toutes les dispositions d'un bon catholique. Nous en donnâmes avis le lendemain matin à l'écrivain et au Gouverneur de la ville pour avoir une permission de l'enterrer. Il fallut que le Gouverneur se transporta lui-même au lieu de la sépulture, autrement la populace et les enfants nous auraient insultés.

Il avait fait une très grande pluie et malgré les gardes que l'on avait mis auprès de nous, on nous vola par dessous notre tente un de nos habits, une capote, et une caisse d'œufs d'autruches, que les pauvres esclaves nous avaient donnés. Nous en fîmes nos plaintes au Gouverneur de la ville. Il fit arrêter trois de nos gardes qui furent conduits en prison.

Nous partîmes malgré la pluie. Le Gouverneur nous conduisit assez loin. A deux lieues d'Alcassar, nous rencontrâmes la rivière de Mehasem : elle était devenue si grosse par la pluie de la nuit précédente qu'elle ne fut pas trouvée guéable à l'endroit où nous l'avions passée en allant à Meknès. On fut obligé de remonter un quart de lieue plus haut où nous la trouvâmes fort étendue. Nous la passâmes sans danger. Ce qui nous parut nouveau, ce fut un petit pont que l'on fit avec des sacs de cuir enflés d'air, et quelques planches dessus. Cependant toutes nos hardes et nos coffres furent mouillés, tant il était tombé d'eau. Elle descendait des montagnes en si grande abondance que les derniers de notre bande risquèrent davantage que les premiers. L'écrivain qui nous suivait à cinquante pas la traversa avec trois personnes mais sa suite fort nombreuse ne put se hasarder : elle fut obligée d'attendre que l'eau fût écoulée.

Cette rivière est fameuse dans tout le pays depuis le combat qui se donna en cet endroit, l'année 1604, entre le Roi de Portugal et les rois de Barbarie, Mouley Abdemelec, Roi du Maroc, et Mouley Mohamed, Roi de Fez. Mouley Hamet Empereur ayant laissé un grand nombre d'enfants, trois d'entre eux se firent appeler rois et se firent la guerre. Mouley Hamet fils fut dépouillé des provinces dont il était le maître. Il passa en Espagne et en Portugal. A son appel, le Roi Sébastien du Portugal entra en Barbarie avec une armée de deux cent mille hommes par les ports de mer dont était encore maître Mouley Hamet. Mouley Abdemelec et Mouley Mohamed firent la paix et unirent leurs forces. Les armées se rencontrèrent près de la rivière Mehasem. Le combat se donna. Mouley Hamet fut tué dès le début. La victoire fut longtemps balancée mais enfin, l'épouvante s'étant mis dans l'armée des chrétiens, la plus grand partie fut taillée en pièces, l'autre prit la fuite dans les montagnes. Aucun n'échappa, pas même le Roi Sébastien qui fut tué dans la fuite. Mouley

Abdemelec tombé malade quelques jours auparavant, suivant toujours son armée, mourut environ une heure avant le combat. Mouley Mohamed fut maître de l'Empire.

Après donc avoir passé la rivière de Mehasem, nous croyions n'avoir plus à souffrir que de la pluie et des mauvais chemins mais il fallut encore passer deux torrents, dont la rapidité et le bruit de l'eau qui descendait des montagnes en roulant de fort grosses pierres, nous épouvantèrent extrêmement. Grâce à Dieu, nous eûmes plus de peur que de mal, aucune de nos mules ne s'abattit dans ces deux derniers passages, ce que nous appréhendions. Enfin nous arrivâmes tout percés de la pluie dans un douar qu'on appelle Mélec, où nous trouvâmes deux fort petites chaumières, une pour nous et l'autre pour nos pauvres esclaves mais sans aucun secours pour la vie. Nos provisions de pain de biscuits, de raisins et de figues avaient été si mouillées dans le passage de la rivière et par les pluies qu'à peine on pouvait en manger.

Le 19, nous sortîmes de ce douar. Nous arrivâmes, après une longue marche, à Bénigolsotte. Les chemins étaient si mauvais que plusieurs de nos pauvres esclaves tombaient avec leurs mules. Il y en eut un qui fut blessé à la jambe. On nous donna pour coucher deux petites chaumières remplies de vermines. Nous ne pûmes y prendre aucun repos et le temps était trop mauvais pour camper. Le 20 et le 21, la pluie fut si violente que tous les ruisseaux débordèrent. Elle continua pendant deux jours de la même force, de sorte que nous fûmes obligés de rester dans ce mauvais gîte malgré l'envie extraordinaire que notre conducteur avait de nous rendre promptement à

Tanger, où le Pacha nous attendait. En effet, le 22, quoique la pluie eût continué avec la même violence que les jours précédents, accompagnée de tonnerre, il nous fit partir sur les huit heures parce que tous les vivres de ce douar étaient consommés. Notre troupe était au moins de quatre-vingt hommes et soixante mules. Il était impossible de subvenir à nos besoins.

Les chemins étaient les plus mauvais du monde. A peine avions-nous monté une montagne que nous en voyions une longue chaîne d'autres qui nous restaient à monter par des petits chemins fort étroits et glissants avec, au bas, des précipices affreux. A la descente de chaque montagne, nous étions sûrs de trouver un torrent. Quelques-uns nous donnèrent bien des frayeurs d'y périr mais la plus grande fut à la rivière de Harouppé, très souvent sans eau. Elle était ce jour-là enflée par les pluies si abondantes qu'il avait fait en huit jours qu'on disait qu'il n'était pas tombé tant d'eau dans le pays depuis six ans. La plupart de nos mules nageaient, les autres pour ne les pas laisser emporter par la rapidité du torrent, étaient tenues par des Maures, qui avaient de l'eau jusqu'à la moitié du corps. Nous passâmes cependant sans autre accident que d'être bien mouillés et toutes nos hardes qui l'avaient déjà été plusieurs fois.

Une heure avant la nuit, comme nous hésitions à passer une autre rivière, nous aperçûmes un Maure de l'autre côté qui nous faisait signe d'arrêter. Il s'était jeté dans la rivière, qu'il passa avec grande peine. Il était porteur d'un ordre du Pacha de changer notre route et, au lieu de nous laisser poursuivre le chemin de Tanger, de nous amener à

Tetouan, ce qui nous obligea de reprendre notre gîte à Bénigolsotte, si mouillés et fatigués que nos pauvres chrétiens n'en pouvaient plus. Nous ne trouvâmes dans ce douar ni bois, ni charbon. Nous n'avions aucune harde pour nous changer. Nous appréhendions tous de tomber malades. Il nous restait encore par bonheur un gros flacon d'eau-de-vie, que nous distribuâmes à nos pauvres chrétiens pour les réchauffer. Les provisions nous manquaient et quoique ce douar soit fort gros, les habitants, obligés de servir par lune au siège de Ceuta à leurs dépens et par moitié, sont exempts de tous droits et impôts et on ne peut pas les contraindre à donner des vivres qu'à dix hommes, encore pour un seul repas. Les pluies avaient tellement augmenté que nous fûmes contraints de rester dans ce lieu pendant trois jours. Notre conducteur envoya chercher des vivres à cinq lieues de là, tant pour les hommes que pour les mules, ce qui ne se fit pas sans grande peine et sans inquiétude de sa part et de la nôtre. Enfin sur la fin du jour du 25 la pluie cessa et les eaux s'écoulèrent pendant la nuit.

Le 26 au matin, la rivière qui était au bas de notre montagne parut fort diminuée. L'écrivain du Pacha, notre conducteur, envoya sonder le gué. Le Maure chargé de cette commission assura que la rivière était guéable. A une demi-lieue de là, il donna ses ordres pour nous faire partir sous la conduite de deux cavaliers et lui prit la route de Tanger où le Pacha le demandait, pour lui rendre compte de la manière dont nous étions sortis de Meknès, de l'issue de notre audience de congé du Roi et combien il nous avait accordé d'esclaves. Il nous promit avant de nous quitter que si le Pacha faisait encore un long séjour à Tanger, il nous donnerait de ses nouvelles.

Nous marchâmes depuis sept heures du matin jusqu'à six du soir, sans nous arrêter. Un moment avant la nuit, nous traversâmes avec assez de difficulté la rivière de Tetouan, qui est fort rapide, mais grâce à Dieu sans aventure. Nous campâmes sur une petite éminence qui est auprès. Nos chrétiens, aussi bien que nous, quoique très fatigués, avaient une envie extraordinaire d'aller coucher à Tetouan, qui n'est éloignée que d'une demi-lieue, mais nos muletiers ne voulurent jamais passer plus avant, malgré la promesse que nous leur fîmes de leur donner un ducat d'augmentation. A peine nos tentes furent-elles tendues que le temps s'obscurcit et il tomba une pluie si froide, avec du vent pendant une partie de la nuit, que nous serions tous morts de froid sans la grande quantité de bois coupé que nos chrétiens trouvèrent près d'une rivière. On alluma quatre grands feux à alentour de nos tentes. On les apercevait de Tetouan, ce qui nous servit à passer une nuit des plus froides et à nous garantir des voleurs.

« Seigneur, jusqu'à quand ?.. » (Ps 6,4)

Le 27, nous sortîmes de ce mauvais gîte à sept heures du matin et nous arrivâmes à Tetouan après avoir essuyé pendant seize jours des fatigues qu'on ne saurait exprimer, heureusement sans tomber malades. Nous n'avions pris aucune nourriture que la farine et du son mêlé, à moitié cuite, dans une terrine.

Toutes ces fatigues inséparables du voyage n'auraient

rien été si nous ne nous étions pas trouvés exposés de nouveau aux persécutions du Stanquer, qui persistait toujours à vouloir nous faire payer les dettes de M. Meuve. Il se vantait d'avoir un ordre du Roi et de la Reinc pour nous contraindre.

Nous attendions avec grande impatience l'arrivée du Pacha pour nous délivrer nos lettres de congé.

« Tu es un bouclier pour moi... » (Ps3,4)

Les Pères de Saint François n'eurent pas plutôt appris notre retour à Tetouan qu'ils vinrent nous en féliciter. Les consuls d'Angleterre et de Hollande et tous les chrétiens en firent de même. M. Walsh, marchand irlandais, bon catholique, nous reçut avec nos captifs dans sa maison, nous y donna à dîner et à souper. Le lendemain, il nous la céda toute entière pour y loger. Il se retira chez un de ses amis. Sans cet acte de charité, nous eussions bien eu de la peine à trouver un logis.

« Prête l'oreille, sois attentif... » (Ps5,2)

Nous passâmes ces jours dans l'espérance que l'écrivain du Pacha reviendrait de Tanger et nous apporterait notre passeport, comme promis à Bénigolsotte.

Une balandre avait échoué entre le camp des Maures et les fortifications de Ceuta, forcée par un vent terrible de quitter la rade de Tetouan. C'était la troisième qui avait péri depuis quatre mois dans la traversée du détroit. Le patron, intimidé par ces malheurs, avait peine à se résoudre de passer. Cela nous ôtait le moyen d'écrire à nos supérieurs.

Le premier décembre, nous apprîmes que le sieur Pères, ambassadeur du Roi du Maroc à la Cour d'Angleterre, était de retour. Nous lui fîmes visite. Il en parut fort reconnaissant, nous offrit ses services auprès du Roi et auprès du Pacha, qu'il devait voir en allant à Meknès.

Le 2, nous allâmes chez l'Alcaïde Lucas pour lui marquer l'inquiétude où nous étions de n'avoir reçu encore aucune nouvelle du Pacha. Nous lui demandâmes s'il ne jugeait pas à propos que nous l'allassions trouver à Tanger. Il nous répondit que cela ne convenait pas. Dans ce pays-là, les chrétiens ne vont point sans escorte. Cela nous détermina à profiter des offres de service de l'ambassadeur qui s'en allait par Tanger. Nous écrivîmes une lettre fort respectueuse au Pacha, dans laquelle nous lui faisions savoir le précis de notre audience de congé du Roi et que ce prince nous avait dit qu'il était content de nous, qu'il souhaitait que nous nous en retournassions satisfaits, afin que nous revinssions dans quelques temps chercher d'autres chrétiens. Le Roi avait ajouté : « S'ils reviennent bientôt, ce sera une marque qu'ils seront retournés contents, et s'ils ne reviennent pas, c'est que mes ordres n'auront pas été exécutés. » Nous le priions de nous donner des marques de sa protection, en nous facilitant les moyens de retourner promptement pour revenir chercher nos autres captifs. Nous priâmes l'ambassadeur de se charger de notre lettre.

Nous reçûmes la réponse le 8. Le Pacha nous avait fait écrire en langue arabe. Elle contenait ce qui suit : « Lettre du Pacha. J'ai reçu votre lettre et je fais tout ce qu'elle contient. Je vous assure que je partirai dans peu de jours pour me rendre à Tetouan et vous expédierai aussitôt selon vos désirs. » Nous nous rendîmes chez l'Alcaïde Lucas pour lui en faire part. Il nous dit que le Pacha lui avait mandé qu'il partirait sur la fin de la lune et qu'il arriverait à Tetouan dans quinze jours. Nous prîmes patience, souffrant avec inquiétude mais résignation les ordres de Dieu.

« Par pitié, écoute ma prière… » (Ps 4,2)

Le 23, nous déclarâmes à l'Alcaïde Lucas que nous étions déterminés non seulement d'aller trouver le Pacha mais encore de retourner à Meknès porter nos plaintes au Roi. L'Alcaïde, nous voyant dans ces dispositions, nous dit que nous pouvions aller à Tanger.

Nous employâmes les deux jours suivants à entendre les confessions de nos chrétiens pour les mettre en état de demander avec plus de ferveur avec nous les lumières du Saint Esprit. Nous fîmes aussi sortir de prison les deux jeunes chrétiens esclaves et après qu'ils eurent fait leur dévotion et dîné avec nous, le gardien les reconduisit dans leur triste demeure. Le 26, le P. Darcisas partit avec Soliman, notre interprète, et un chrétien qui entendait fort bien l'arabe.

Les jours suivants, nous eûmes du temps de reste pour mettre par écrit les événements passés. Nous reçûmes des nouvelles. Dom Francisco Fernando de Ribadeo, Gouverneur de Ceuta, nous félicita et nous marqua fort obligeamment l'empressement où il était de nous recevoir dans la place. M. Ludolfe, Consul hollandais, nous montra une grande lettre de compliment qu'Abdelhadi, ci-devant sieur Pillet, lui écrivait. Il lui marquait qu'il espérait être dans peu de temps alcaïde de tous les chrétiens et qu'aucun n'aurait sa liberté que par son canal. François Madières, de Languedoc, chirurgien, esclave depuis six ans, nous envoya un exprès de Meknès, qui arriva le 8 janvier, pour nous informer qu'il avait trouvé un patron qui avait demandé sa liberté au Roi. Celui-ci l'avait accordée au prix de trois cents piastres et de deux Maures des galères de France. L'espérance qu'on lui donnait de sa liberté était-elle un piège pour nous retenir ? Nous avions grande envie de retirer ce captif. Nous lui écrivîmes que nous avions lieu de craindre que tout cela ne se fît pour nous retenir plus longtemps en Barbarie avec nos esclaves délivrés. Nous écrivîmes à M. Athenas, dépositaire de nos fonds à Cadix, de s'engager au paiement des 300 piastres. Et encore 100 autres, au lieu des deux Maures, pour ne pas nous retenir jusqu'à leur arrivée : nous sentions ce piège, persuadés que leur intention n'était que fort mauvaise à notre égard.

Nous étions quasi esclaves, sans assurance de notre délivrance. On se préparait à nous faire souffrir, outre l'ennui où nous étions, tout ce que ces impitoyables officiers Maures, alcaïdes, écrivains et même les Juifs, pourraient imaginer de contradictions pour éloigner notre retour et profiter de notre désespoir, s'il eût été possible, pour nous faire consommer tous nos fonds à leur profit. Ainsi, les Maures qui avaient conduit à Meknès les chiens que nous avions donnés au Roi nous vinrent demander des gratifications, quoique nous les eussions payés largement avant d'en partir. Ils allèrent faire leur plainte à la justice. Le cadi nous envoya dire de donner à chacun d'eux trois blanquilles, et quatre pour lui.

Six semaines s'étaient déjà écoulées depuis notre retour à Tetouan. Les ordres du Roi de nous expédier étaient précis. Nous pouvions conjecturer que le Roi, ayant reçu ses présents, laissait agir les autres pour arracher de nous ce qu'ils pourraient.

Nous reçûmes une lettre du Père Darcisas, le 11 janvier 1725. Il nous mandait qu'il s'était avisé de faire remettre au Pacha une lettre par un maçon qui travaillait dans son palais ; que ce maçon avait été assez bon homme ; que le Pacha lui avait envoyé dire que le moment de lui donner audience n'était pas encore venu. Lassé aussi d'attendre, il put parler au Pacha en passant devant lui mais n'eut d'autre réponse que celle d'attendre d'être expédiés de Tetouan, après le retour d'un exprès envoyé à Meknès à notre sujet. Son écrivain ajouta qu'on avait été bien hardi d'être sorti de Tetouan sans la permission de son maître.

Le Père Darcisas vint nous retrouver. Il aurait été à son aise à Tanger dans une maison appartenant à Monsieur Hatfield, Consul d'Angleterre, qui lui en avait remis les clés avec la générosité dont il nous avait déjà donné bien des marques. Mais le Pacha en avait fait enfoncer les portes pour y loger quantité d'ouvriers qui occupaient ce qu'il y avait de plus commode. On lui avait cédé seulement une chambre. Il avait gagné un rhume.

« Le Seigneur a son trône dans les cieux... » (Ps 11,4)

On devait imposer la taxe ordinaire sur tous les habitants pour composer le présent qu'ils sont obligés de faire au Pacha à son retour à Meknès. Chacun était occupé à chercher de quoi, les pauvres vendaient leurs hardes et leurs haillons pour y subvenir. Les plus aisés font leur présent à part.

Le 15, à la pointe du jour, les trompettes annoncèrent que le Pacha arrivait. On mit trois étendards sur la porte de la ville par laquelle il devait entrer. Sur les deux heures de l'après-midi, nous allâmes chez monsieur Hatfield où tous les chrétiens ont coutume de s'assembler quand il s'agit de paraître devant le Pacha. Nous partîmes tous ensemble au-devant du Pacha.

Nous vîmes toutes les maisons remplies d'une quantité prodigieuse de femmes et, dehors la ville, une infinité de Maures. Nous l'aperçûmes qui venait assez vite avec beaucoup de monde à pied et à cheval. Il marchait comme triomphant, environné d'une quantité prodigieuse de monde, vêtu du cafetan jaune que le Roi du Maroc lui avait donné, monté sur l'un des plus beaux chevaux du pays, harnaché superbement.

Ce seigneur est grand et bien fait, d'une fort belle représentation, un air de fierté et de grandeur, mêlé pourtant de douceur. Il fit faire halte à la troupe, environ à cent pas de nous. Les officiers formèrent un bataillon carré. Ils poursuivirent leur marche de la sorte, les officiers à la tête, à fort petits pas, jusque dans une fort belle place qui est devant son palais. Il y avait encore trente cavaliers avec des lances de dix-huit à vingt pieds de long qui marchaient derrière lui.

Étant arrivées dans la place, les troupes se rangèrent sur deux colonnes, et commença un jeu de mousquetades et de lances, avec beaucoup d'impétuosité. Le Pacha se faisait distinguer entre tous par son bon air à cheval et par la vitesse dont il le poussait. La fête finit par une décharge de toute la mousqueterie. Après quoi il entra dans son palais.

Nous ne savions si nous devions nous réjouir de ce retour.

« J'ai attendu, attendu le Seigneur... » (Ps 40,2)

Nous nous rendîmes au palais tous les jours suivants pour avoir audience mais sans succès. Notre interprète vint nous dire qu'il avait trouvé le moment de voir le Pacha qui lui avait répondu qu'il nous était bien obligé et qu'aussitôt que Hamedi son écrivain serait revenu du camp devant Ceuta, il nous expédierait pour repasser en terre chrétienne.

On amusait ainsi notre impatience, tantôt on nous disait que le Pacha était dehors, tantôt qu'il était dans ses écuries où l'on faisait si bonne garde que nous ne pouvions approcher. Nous étions mêlés avec une infinité de Maures et de Juifs, exposés à un vent de Nord qui nous gelait. Nous le suivions partout avec la foule. On nous disait qu'il voulait dormir ou manger d'un présent qu'on venait de lui apporter, etc. Un jour, il nous aperçut et nous fit dire de prendre patience.

Le 30 janvier, le beau temps nous détermina d'aller à la porte du palais. Nous vîmes les soldats de la garde qui se promenaient. Un des gardes assura que le Pacha devait visiter ce jour-là des travaux. Nous attendîmes depuis midi jusqu'à cinq heures du soir. Enfin il sortit. Il ne s'arrêta point. Nous lui fîmes dire tout en marchant qu'il y avait trois mois que nous avions eu notre audience de congé du Roi, qui nous avait dit de revenir promptement chercher nos autres chrétiens. Il nous répondit qu'il nous enverrait chercher pour nous donner audience. Ne pouvant l'approcher, nous nous tînmes longtemps devant lui. Mais on lui amena un cheval pour aller se promener.

« Heureux l'homme qui ne prend pas le parti des méchants... » (Ps 1,1)

Le 24, l'Alcaïde Lucas, homme de confiance du Pacha, nous manda. Nous trouvâmes tout son conseil assemblé. Le premier écrivain nous étala ce qui lui était dû par M. Meuve et les obligations où nous étions d'y satisfaire pour l'honneur de la nation française dont il nous regardait comme des envoyés. Nous lui répondîmes que nous n'étions point envoyés de la nation mais religieux députés de nos supérieurs pour racheter les esclaves français avec les aumônes destinées uniquement à cet usage.

On passa à une autre raison : puisque nous étions venus pour racheter les captifs français, personne ne l'était plus que le sieur Meuve et qu'ainsi nous devions le racheter. Nous répondîmes que nous ne connaissions point d'autres esclaves en Barbarie que ceux qui avaient été malheureusement pris sur mer, pour lesquels nous étions venus, et que nous les priions très instamment de faire savoir au Pacha, puisque nous ne pouvions obtenir audience de lui, que nous étions déterminés à donner plutôt notre sang que de payer pour les dettes du sieur Meuve, que nous regardions comme un marchand qui avait perdu un fort gros bien en Barbarie. Ce n'était point notre affaire d'examiner si ses dettes l'avaient jeté dans l'esclavage. Le premier secrétaire prit par écrit les réponses, que nous faisions avec beaucoup de fermeté, pour en faire part à son maître.

L'Alcaïde Lucas nous assura qu'il avait été très content de toutes les réponses que nous avions faites au premier secrétaire du Pacha, sur les demandes du Stanquer. Obligé par devoir à favoriser les intentions de son maître, il ne put s'empêcher de nous dire que c'était une injustice et une mauvaise querelle qu'on nous faisait. Il ajouta qu'il écrirait une lettre au Pacha pour savoir à quoi il tenait qu'on ne nous remît entre les mains le passeport que le Roi du Maroc nous avait fait expédier. Cet Alcaïde nous fit sentir qu'il fallait beaucoup de patience et de fermeté pour venir à bout de nos affaires.

Hamedi nous assura de la part du Pacha que celui-ci serait au désespoir que nous ne sortissions pas contents de Barbarie, puisque nous n'y étions entrés que sous sa protection. Cet écrivain nous parlait avec assez de douceur. Il nous avait accompagnés en allant et revenant de

Meknès. Il vint nous voir avec le nommé Moulou, cousin germain du Pacha, et remirent sur le tapis l'affaire du Stanquer mais nous les assurâmes que notre religion et notre conscience nous défendaient de faire un autre usage des deniers qui nous étaient confiés que pour une fin aussi sainte que le rachat des véritables esclaves. A ces mots de conscience et de religion, ils nous dirent que, puisque cela nous était si expressément défendu, nous devions être persuadés que le Pacha ne nous inquiéterait plus.

« Mieux que les cieux, elle chante ta splendeur… » (Ps 8,2)

Tous ces délais nous donnaient assez le temps d'examiner la ville de Tetouan, et une partie de l'état du pays. Tetouan est située sur une petite montagne : les maisons sont toutes bâties en terrasse, bien blanchies avec de la chaux, ce qui en rend l'aspect fort agréable. Elle domine une plaine charmante, arrosée d'une rivière, qui se jette dans la mer. Sa rade est éloignée de deux lieues, d'où l'on découvre à plein toute la ville, qui paraît comme un amphithéâtre. Les campagnes d'alentour pourraient être abondantes, le blé y vient le plus beau du monde.

« Tous dévoyés… » (Ps 14,3)

Mais les Maures sont paresseux. Le Roi ou les pachas dépouillent si souvent ceux qui deviennent riches ! D'où la nonchalance au travail : on se soucie peu de la vie pourvu qu'on ait de quoi fournir au jour présent, on ne pense ni à fortune ni à établissement pour la postérité. L'avenir incertain, on prend à pleines mains tout ce qu'on peut arracher du plus faible, comme une proie que bientôt un plus fort vous enlèvera.

Que d'objets se présentaient à nos réflexions ! De grands hommes du christianisme, nés dans ce pays autrefois si chrétien, l'avaient instruit des vérités de la foi, soutenu et fortifié la religion par leurs écrits, leurs sermons ou leur martyre. Saint Augustin, saint Cyprien, saint Fulgence, Tertullien, et tant d'autres ! De célèbres conciles y ont été assemblés. Tant de saints évêques, et en si grand nombre, avaient alors paru comme autant d'étoiles que Dieu faisait briller pour éclairer les chrétiens des autres parties du monde. L'Afrique, si peuplée de savants hommes, devenue le séjour d'un peuple plongé dans la plus profonde ignorance, abandonné à des mœurs corrompues, élevé dans des superstitions dont le ridicule se ferait sentir par les seules lumières naturelles ! Une terre abondante et fertile, desséchée par l'inaction, sans commerce, que celui de vendre des hommes !

« Des lèvres, ils bénissent… » (Ps 62,5)

Sidi Moulou nous demanda si nous pensions solliciter le Pacha pour les deux jeunes esclaves qui étaient dans les prisons de Tetouan. C'était de lui-même qu'il nous conseillait de les demander. Nous conférâmes ensemble sur ce que nous devions faire. Nous jugeâmes qu'il n'était pas à propos de parler des deux jeunes gens. Le trop grand retardement commençait à accabler les chrétiens délivrés. Ils tremblaient de rentrer en esclavage.

Sur la fin du jour, nous allâmes chez Lucas pour tâcher de démêler les propositions pour les deux esclaves. Il nous dit que le Pacha avait donné commission de nous demander le prix que nous voulions mettre à la rançon des deux jeunes esclaves. Nous le priâmes d'écrire lui-même nos offres, si on voulait les entendre : qu'ils n'étaient point d'une autre condition que nos autres français, tous nous étant également chers. Il nous représenta que le Roi du Maroc les avait estimés dix mille piastres chacun. Nous espérions bien qu'ils se relâcheraient mais nous sentions aussi qu'il fallait qu'il nous en coûtât cher. Cependant nous écoutâmes la proposition comme n'étant point sérieuse. Nous dîmes que si c'était tout de bon qu'il nous parlait ainsi, il fermait la porte pour jamais à notre retour en ce pays là. L'Alcaïde le comprit bien.

Après midi, Soliman notre interprète était venu nous demander nos noms pour remplir le passeport. Le lendemain, nous allâmes chez Hamedi lui rendre sa visite du jour précédent. Il nous reçut avec toute la politesse dont sont capables les gens de ce pays. Cet écrivain paraissait avec nous poli et humain. Il nous donna beaucoup d'espérance que nos affaires finiraient bientôt : le Pacha avait écrit au Stanquer qu'il nous avait fait toutes les instances possibles, par lui-même et par ses émissaires, et n'avait pu nous déterminer à payer ou à promettre en l'acquit de M. Meuve. On attendait la réponse.

« Du jour à la nuit, ta main pesait... » (Ps32,4)

Le Pacha était toujours occupé de grandes affaires. Il sortait presque tous les jours avant le soleil levé et ne revenait que le soir. Un jour, nous nous présentâmes devant lui quoiqu'éloignés mais criant tous trois en langue espagnole : « Seigneur, nous te demandons la justice de nous faire sortir promptement de cette terre ». Un de nos chrétiens français disait la même chose, en arabe. Le Pacha fit approcher de lui Sidi Moulou, son cousin, et le renvoya nous dire qu'il ne pouvait pas nous expédier qu'il n'eût réponse à la lettre qu'il avait écrite au Roi.

Nous allions tous les jours à la porte du palais. Le Pacha se rendit de plus en plus inaccessible. Il n'y avait plus pour nous que des rebuffades de ses gardes, à la porte de son alcassave. Nous ne pouvions parler qu'à l'écrivain Hamedi. Nous écrivîmes aussi dans une lettre que Sidi Moulou voulut bien se charger de transmettre que nous étions résolus d'aller nous jeter aux pieds du Roi. Lucas nous ajouta qu'il avait trouvé notre lettre pleine de justes motifs, que nous en devions espérer au moins réponse.

Nous reçûmes des lettres de Meknès de nos chrétiens restés captifs. On les avait assurés que le Roi avait fait écrire au Pacha de nous dépêcher incessamment. Nous reçûmes aussi des lettres de Cadix. M. Payret, Consul de France, avait donné avis à M. le comte de Maurepas de notre malheureuse situation, qui en avait fait part aussi à M. le maréchal de Tessé, ambassadeur de France à la cour de Madrid. Enfin, une lettre de M. Turla de Gibraltar marquait au Pacha qu'il nous avait engagés à nous confier en sa protection et le suppliait de ne pas manquer à sa parole.

Nous avions toujours nos esclaves à notre charge, c'était une grande dépense.

« Les yeux sur toi, tous, ils espèrent... » (Ps145,15)

L'écrivain Hamedi vint nous faire une nouvelle proposition. Il nous dit qu'il y avait sur les galères de France un Maure pour lequel son maître s'intéressait fort. Nous répondîmes que le Roi de France était le maître des Maures sur ses galères, comme celui de Maroc l'était des chrétiens qu'il tenait esclaves ; que, si nous avions l'honneur de lui présenter les esclaves dont nous avions obtenu la liberté, nous étions persuadés que, à la vue de ses sujets éprouvés dans leur fidélité au christianisme, son cœur et sa piété le porteraient aisément à nous accorder la liberté de celui dont il voulait nous parler. Il était de l'ordre naturel de proposer des échanges.

« Le Seigneur aime ceux qui espèrent » (Ps147,11)

Joseph Dias était espagnol, esclave à la prise de la Rache en 1688, et avait beaucoup d'esprit. Il savait faire de la poudre. Le Roi du Maroc lui donna le titre d'Alcaïde et l'obligea de se marier avec la fille d'un Espagnol née dans l'esclavage. Il l'envoya en qualité d'ambassadeur à la cour d'Angleterre, d'où il apporta au Roi des présents considérables de la part du Roi d'Angleterre, ayant aussi employé en beaux draps tout ce qu'il avait amassé.

Notre pauvre esclave fut fort mortifié lorsque, pour toute récompense, on lui dit de retourner au lieu de son travail. Il se détermina à travailler plus qu'à l'ordinaire pour obtenir sa liberté et celle de sa famille, pour la somme de trois mille piastres mexicaines. Il dit ingénument qu'il avait grande envie d'aller mourir avec sa famille en terre chrétienne, si c'était la volonté de Dieu et celle du Roi son maître. La proposition piqua le Roi de voir qu'un homme qui lui était très nécessaire pensait à sortir de ses états. Dans un si grand emportement, sans autre forme de procès, il lui fit couper la tête et envoya s'emparer de tous ses effets.

Sa pauvre femme fut pénétrée de la plus vive douleur. On voulait en outre enlever sa fille, âgée de douze ans, pour la mettre dans le sérail du Roi. Le Père gardien des Récolets conseilla de la marier. Joseph Brouquet put la demander au Roi. Malgré la crainte de laisser des enfants esclaves, il l'assurait dans la religion catholique. Dans le sérail, il y avait tout lieu de craindre, dans un âge si tendre, qu'elle ne pût résister à toutes les sollicitations pour quitter la véritable religion. Ce fut à la pauvre mère une grande consolation. Mais elle eut le chagrin de voir l'aîné de ses fils renoncer à la religion.

Au milieu de toutes ses afflictions, nous avons trouvé une femme fort constante et un cœur véritablement chrétien, souffrant avec une parfaite résignation, aux ordres de Dieu, tout ce qui lui était arrivé.

« Et maintenant, rois, servez le Seigneur... » (Ps 2,10)

Lassés de tous ces délais, nous nous mîmes en devoir de faire partir les lettres que nous avions écrites au Roi pour nous plaindre de la détention où nous étions depuis notre retour à Tetouan. Le Pacha en eut avis. Le 2 mars, étant allés à la porte de l'Alcassave où il se faisait le mouvement ordinaire annonciateur de sa sortie, Sidi Moulou parut à cette porte et nous allâmes à lui. Nous lui dîmes en langue arabe et d'une voix haute : « Sidi, Allah Rabbi ! », « Seigneur, pour l'amour de Dieu ! » Il retourna sur ses pas et alla dire au Pacha : « Seigneur cousin, les Pères de France te demandent audience au nom de Dieu, tu ne saurais leur refuser. » Sur le champ, le Pacha ordonna qu'on nous fît entrer.

« Tu m'as soumis à l'épreuve... » (Ps 17,3)

On nous mit dans un appartement séparé de son palais dans lequel il donne les audiences particulières. On nous demanda ce que nous souhaitions. Nous répondîmes que nous voulions obéir aux ordres du Roi, qui nous avait dit de nous en retourner pour être en état de revenir bientôt. L'interprète nous dit que notre départ ne tenait qu'au rachat des deux esclaves qui étaient dans les prisons. L'intention du Pacha était d'en avoir six mille piastres. Nous leur demandâmes du temps pour conférer ensemble. Nous commencions à croire que nous aurions la satisfaction d'emmener avec nous les deux jeunes esclaves mais qu'il nous les ferait prendre à un prix excessif.

Nous fîmes la proposition de deux mille piastres et passâmes toute la journée avec inquiétude, dans l'attente d'une réponse. Sur les huit heures du soir, Sidi Moulou vint nous dire que le Pacha en avait paru fort mécontent et que nous fissions attention que le Roi avait dit en notre présence au Pacha qu'il le regardait comme son fils et approuverait tout ce qu'il ferait avec nous. Il fit observer ce que le Pacha avait fait à notre arrivée, aux présents que nous avions reçus de lui, à la manière dont il nous avait faire conduire à Meknès, comme il nous y avait logés et nourris et tout ce qu'on avait fait par son ordre à notre retour : les tentes qu'il nous avait fait fournir pour nous mettre à couvert des injures du temps, les gardes qu'il nous avait donnés pour nous défendre dans les voyages.

« Mon Dieu, ne m'abandonne pas... » (Ps38,22)

Le lendemain, avant le jour, nous conduisîmes nos chrétiens délivrés à la chapelle des PP. de St François pour entendre nos messes. La somme pouvait bien excéder le prix qu'ils voulaient avoir de la rançon des deux esclaves, il s'agissait de procurer la liberté à deux jeunes gens de famille, esclaves depuis quatre années, qui avaient des talents pour le commerce et pour apprendre les langues, ce qui avait donné lieu aux Maures de les solliciter plus de cent fois à renoncer la foi de Jésus Christ, sur des promesses de grands avantages, sans parler des pièges qu'on avait tendus souvent à leur chasteté. Messieurs Hatfield et Ludolfe nous avaient entretenus des dangers où ils étaient exposés. Dieu leur avait fait la grâce de persévérer dans la foi, malgré les tentations qu'ils avaient surmontées par une protection particulière de la Sainte Vierge, à laquelle ils avaient tous deux une grande dévotion. Ces considérations nous engagèrent à ne point ménager les deniers dont nous étions dépositaires pour ne pas laisser plus longtemps ces deux jeunes gens dans de si rudes épreuves. Ils s'étaient soutenus dans l'espérance qu'à notre arrivée nous romprions leurs fers. Nous nous déterminâmes à satisfaire le Pacha. Nous offrîmes trois mille piastres, convenant qu'elles seraient de vingt-huit blanquilles.

« J'accomplirai pour toi le sacrifice de louange... » (Ps56,13)

Sidi Moulou vint nous dire qu'on nous devait appeler dans la matinée chez l'Alcaïde. Nous entrâmes en conférence. Après de belles paroles, succédèrent les menaces de nous faire rester encore fort longtemps et que le Pacha se réduisait à quatre mille piastres pour les deux esclaves, avec la condition de faire revenir autant de Maures des galères de France qu'on nous relâchait de chrétiens, pourvu qu'ils fussent sujets du Roi du Maroc. Voyant qu'il fallait subir la loi, nous nous rendîmes.

Le même jour, on fit sortir de prison les deux esclaves, Louis Resnard et Olivier Desmarets Cotterel, qui étaient resserrés depuis six mois, et on nous les mit entre les mains.

Le Consul de Hollande nous confirma que la coutume était de donner un Maure pour un chrétien. Nous laisseraient-ils emmener nos esclaves délivrés sur notre simple parole de leur envoyer autant de Maures ? Nous prîmes notre parti et tirâmes au sort qui aurait cette occasion de rester otage. Ce fut le Père Darcisas, qui en remercia Dieu.

« Il n'a que ruse et fraude à la bouche... » (Ps36,4)

Le 10 au matin, Hamedi vint nous demander combien nous voulions donner aux écrivains, pour la peine qu'ils avaient prise. Nous lui dîmes la somme de quarante ducats. Il en parut content. Dans le même moment, il alla chez l'Alcaïde Lucas. Nous fûmes aussi appelés. Là, on commença par nous dire : « Les quatre mille piastres que nous sommes convenus hier, on prétend aujourd'hui que vous les payerez à trente blanquilles. » Ils envoyèrent chercher M. Ludolfe pour nous engager d'accepter cette proposition qui n'était point dans notre traité de la veille. Ce médiateur judicieux leur représenta leur peu de justice d'aller contre ce qu'ils avaient arrêté eux-mêmes. Après une fort longue conversation, ils dirent que si nous voulions leur donner soixante-dix ducats pour leurs bons offices, ils tâcheraient que le Pacha se désistât de cette dernière demande.

Ce dernier n'y était peut-être pour rien mais tout cela se faisait pour tirer de nous quelque argent supplémentaire car c'est tout ce qu'ils ont d'appointements.

M. Ludolfe répondit : « Les Pères sont déterminés à souffrir et à prendre patience, comme ils ont fait depuis quatre mois, et d'attendre que le Roi du Maroc soit informé de la manière dont ils sont traités ici. » Cette réponse surprit l'Alcaïde.

« Je chanterai toujours les bontés du Seigneur... » (Ps 89,2)

Le soir, Hamedi vint nous trouver pour nous rendre visite. Il nous dit que le lendemain il nous apporterait le passeport du Roi et qu'il nous était plus convenable d'attendre le beau temps que de nous exposer à passer de mauvais jours dans le camp, près de Ceuta, où les vivres manquaient.

Nous avions envoyé Olivier Cotterel Desmarets et Louis Resnard remercier le Pacha de leur avoir accordé la liberté. Il leur fit donner à chacun une albernous neuve. Il leur dit, qu'ayant de la considération pour nous, il ne voulait pas consentir à notre départ par un si mauvais temps mais qu'aussitôt qu'il serait remis au beau, il nous ferait avertir pour nous donner notre audience de congé.

Le 13 mars, les officiers du Pacha nous firent dire dès le matin qu'ils nous appelleraient ce jour-là chez l'Alcaïde Lucas pour achever toutes nos affaires. Sidi Moulou nous avertit que le Pacha avait donné ordre qu'on réglât toutes nos affaires, qu'on acceptât la caution de M. Hatfield, Consul d'Angleterre, pour les quatre mille piastres et six cent soixante-six pour tous droits, et qu'on reçût notre engagement par écrit de renvoyer de France, dans l'espace d'une année, quinze Maures sujets du Roi du Maroc, entre lesquels on en demandait trois nommément. M. Hatfield ne devait compter l'argent que lorsque nous lui aurions donné avis de notre arrivée à Ceuta. On nous promit que le lendemain nous aurions notre audience de congé et que nous partirions le dix-sept.

Le 15, nous attendîmes jusqu'à quatre heures l'ordre pour aller à l'audience. Voyant qu'il ne venait aucun messager, nous nous présentâmes devant la porte du palais. Nous persévérâmes jusqu'à huit heures du soir. Enfin, le Pacha nous fit appeler dans une grande salle où il était, sans aucun meuble ni ornement qu'une natte sur le pavé, et un tapis. Il nous fit dire qu'il savait que nous nous étions présentés tous les jours à la porte de son palais ; qu'il avait eu autant de chagrin que nous de nous voir retenus si longtemps ; que, grâce à Dieu, nous devions nous en retourner contents par l'espérance que le Roi nous avait donnée, qu'en revenant promptement, il accorderait la liberté à un plus grand nombre.

Nous avions avec nous Louis Resnard et Olivier Cotterel, qui le remercièrent de la grâce de leur liberté. Ils lui embrassèrent quatre ou cinq fois les genoux. Le spectacle avait quelque chose de touchant. Ils fondaient en larmes. Le Pacha pouvait-il n'en être pas ému lui-même ? Il les assura avec humanité que s'ils revenaient dans le pays en qualité de marchands, ils pouvaient compter sur sa protection, qu'il les regarderait comme ses enfants. Puis, s'adressant à nous, il nous dit, qu'étant expédiés, nous n'avions plus besoin d'aller à son palais, que le lendemain il penserait aux commissions qu'il avait à nous donner pour la France, et que le 17 nous pourrions partir si matin que nous voudrions.

Le 16, l'Alcaïde Lucas nous supplia, par les demandes les plus humbles, de donner soixante-dix ducats, nous représentant que, si nous ne donnions pas cette somme, les autres s'imagineraient qu'il avait reçu un présent particulier fort considérable, ce qui lui ferait beaucoup de tort. Nous répondîmes à ses humbles demandes. On nous fit prendre un mémoire des commissions du Pacha : quatre pièces de drap écarlate le plus beau de Paris ; une douzaine de peaux de chamois, savoir quatre douzaines de couleur ordinaire, quatre de rouge et quatre de bleu ; une belle montre à répétition ; quatre grandes lunettes d'approche ; des noyaux de pêches, d'abricots, de prunes, de cerises, de guignes et de bigarreaux.

« Tu ne m'a pas abandonné aux enfers… » (Ps16,10)

Le 17, le temps paraissait fort beau. Nous nous préparâmes deux heures avant le jour pour partir. Tous nos ballots étaient dehors, les mules devant notre porte. Mais l'écrivain avait défendu au muletier de charger sans son ordre. Ce retardement nous donna lieu de réfléchir sur l'emploi des fonds qui nous restaient entre les mains. Dix-sept esclaves ne satisfaisaient pas l'envie que nous avions de rompre les fers à un plus grand nombre. Nous prîmes la résolution de proposer au Pacha le rachat de dix-huit autres, par une lettre dans laquelle nous lui faisions connaître que le Roi du Maroc avait eu la volonté de nous donner d'abord quarante-quatre esclaves, savoir douze pour nos présents et trente-deux pour de l'argent ; qu'il n'y avait eu que la mauvaise disposition des amis du Stanquer qui en avait empêché l'exécution. Nous tâchions de lui faire sentir qu'il y allait de ses intérêts et de son honneur de favoriser cette négociation, lui présentant que si nous retournions en France avec un plus grand nombre de chrétiens délivrés par sa protection cela engagerait nos supérieurs, contents de notre mission, de nous renvoyer dans ce pays-là chercher d'autres chrétiens français ; au lieu que, si on nous refusait, nous serions obligés d'aller à Alger racheter des esclaves français. Nous laissâmes cette lettre entre les mains de M. le Consul d'Angleterre pour la remettre à Sidi Moulou, qui devait la rendre au Pacha quand nous serions à Ceuta. Nous n'avions garde de laisser faire cette proposition pendant que nous étions à Tetouan, afin de ne pas prolonger notre séjour, plus insupportable à nos chrétiens délivrés qu'à nous-mêmes.

Chapitre 3

« LAISSE PARTIR MON FILS POUR QU'IL ME SERVE... » (Ex 4,23)

« Quand le Seigneur ramena les captifs à Sion... » (Ps 126,1)

Le 18, après avoir célébré tous trois la messe, nous partîmes à huit heures avec la pluie qui ne dura pas. Le ciel devint serein, la journée fut fort belle. Nous traversâmes trois rivières ou torrents dont la rapidité faisait peur. Nos mules passaient à la nage, non sans grand danger. Dieu merci, il ne nous arriva aucun accident, sinon que nos coffres et toutes nos hardes furent mouillées, aussi bien que nous.

Nous arrivâmes au camp devant Ceuta à cinq heures après midi. Il fallut embarquer dans une mauvaise chaloupe qui faisait eau de toute part, nos hardes mouillées par les rivières le furent encore par la mer. Le voyage se fit à deux fois parce que la chaloupe était trop petite pour contenir tout notre monde. Les premiers ne s'aperçurent pas du péril où ils avaient été exposés. Les Maures qui conduisaient la barque avaient manqué à la formalité ordinaire de mettre pavillon de paix. L'officier qui commandait dans la place avait droit de faire tirer sur la chaloupe. Ceux qui passèrent la seconde fois risquèrent le plus, ils avaient de l'eau dans la chaloupe jusqu'aux genoux. Peu s'en fallut qu'elle ne fût submergée.

Nous trouvâmes au bord de la mer l'Intendant de M. le Gouverneur, qui nous dit que son Excellence nous assignait son palais et sa table pour nous faire faire quarantaine. C'était la rendre bien agréable. M. l'Évêque envoya aussi son Vicaire général à la descente du bateau. Le Père ministre du couvent de notre Ordre, nous y attendait avec quatre Religieux, et presque tous les officiers de la place. Il s'y trouva une si grande quantité de monde qu'à peine pouvions-nous nous reconnaître. Nos chrétiens furent mis dans les casernes au-dehors de la ville, avec une bonne garde pour passer la première nuit. Pour nous, nous fûmes conduits au palais de M. le Gouverneur qui nous reçut avec des démonstrations de la plus tendre religion. Nous nous rendîmes le lendemain aux casernes où étaient logés nos esclaves. Le supérieur du couvent des Religieux de notre Ordre vint nous y prendre avec la croix et l'étendard de la rédemption, porté par le chevalier d'Obterre, ingénieur en chef de la place, qui le remit au P. de la Faye. Nous allâmes processionnellement à l'Église de nos Pères. Les Religieux suivaient la croix et l'étendard, en chantant le psaume *In convertendo Dominus captivitatem Sion.* Nos chrétiens suivaient, nous terminions la procession. Les officiers et soldats qui n'étaient pas de garde, presque tous les bourgeois de la ville, s'y trouvèrent. Étant arrivés à la porte de l'Église, un Religieux revêtu d'une chape vint nous recevoir avec l'eau bénite et l'encens. En entrant, l'orgue commença le *Te Deum* que les Religieux poursuivirent alternativement. Ensuite on chanta la messe avec grande solennité, après laquelle le Révérend Père ministre accompagné de quatre Religieux, nous conduisit avec nos esclaves chez M. le Gouverneur, puis chez M. l'Évêque, qui fit distribuer des aumônes à nos captifs, et de là chez M. l'Intendant. Cela nous occupa la matinée. M. le Gouverneur invita à dîner avec nous ce jour-là M. le marquis de Bay et le chevalier d'Obterre, nos illustres amis. L'après-midi, nous reçûmes les visites de tous les officiers.

Le 20, M. l'Évêque nous envoya prendre pour aller dîner chez lui, après quoi nous fûmes une seconde fois chez M. l'Intendant, qui donna un ordre de nous faire délivrer autant de paires de souliers qu'il en fallait pour nos esclaves. Nous employâmes le reste de la journée à rendre visite à M. le lieutenant du Roi et aux principaux officiers qui nous avaient fait l'honneur de nous venir voir. M. le Gouverneur, qui avait toujours eu beaucoup d'attention pour nous et notre troupe, donna ce jour-là à nos chrétiens un logement beaucoup plus commode que les casernes où ils étaient.

Le 21 au matin, nous reçûmes la visite de M. l'Évêque et celle de M. le lieutenant du Roi. M. l'Intendant, qui était retenu au lit par la goutte, envoya son secrétaire nous offrir ses services et nous dire de lui faire connaître l'occasion de nous donner des marques de tout le bien qu'il souhaitait nous faire. Nous fûmes invités à dîner chez le marquis de Bay.

Le 22, M. le Gouverneur nous fit aussi l'honneur de passer à l'appartement où il avait eu la bonté de nous loger. Nous lui demandâmes s'il ne pourrait pas nous faire le plaisir d'ordonner que l'on nous passât le lendemain à Gibraltar dans sa barque. Il nous répondit fort obligeamment que si cela nous faisait plaisir, il le ferait mais que nous pouvions compter que son palais et sa table seraient toujours à notre service. Cela nous fit remettre au lendemain pour partir et nous rendre à Gibraltar.

M. le Gouverneur envoya dès le matin sur la montagne de Lacho faire examiner s'il n'y avait point de gros vaisseaux dans le détroit et sur la Méditerranée qui pussent nous empêcher de passer sûrement à Gibraltar. Lui ayant été rapporté que l'on n'en apercevait aucun, nous nous déterminâmes à profiter du moment et de laisser le Père Darcisas à Ceuta pour être plus à portée de recevoir la réponse que nous attendions du Pacha de Tetouan. Nous lui écrivîmes une seconde lettre, au cas qu'il n'eût pas fait toute l'attention que nous souhaitions à notre première sur la proposition de racheter encore dix-huit esclaves. Nous prîmes congé de M. le Gouverneur et nous le remerciâmes très humblement de toutes les bontés qu'il avait eues pour nous. Plusieurs des principaux officiers de la garnison nous accompagnèrent jusqu'à la mer. Le temps et le vent nous furent si favorables que, dans l'espace de trois heures, nous arrivâmes à Gibraltar.

« Avec crainte, je me prosterne vers ton temple saint... »
(Ps 5,8)

Le Père Le Roy mit pied à terre pour aller demander permission à M. le Gouverneur de faire descendre nos chrétiens, ce qu'il nous accorda sur le champ. M. Berlye, toujours disposé à nous faire plaisir, le voyant embarrassé où loger nos chrétiens, n'y ayant point d'auberge suffisante dans Gibraltar, fit vider un de ses magasins pour les y loger et nous engagea de reprendre chez lui les chambres que nous y avions occupées avant de passer en Barbarie.

Le 24 au matin, nous allâmes avec nos esclaves chez M. le Gouverneur, pour lui présenter nos respects. Ce généreux officier nous fit encore de nouvelles offres de services et nous dit qu'il avait donné ordre qu'on donnât un logement à nos chrétiens dans le château. Mais comme il est situé sur un rocher presque inaccessible, nous le remerciâmes de ses attentions. Nous lui dîmes que M. Berlye les avait logés fort commodément. Nous conduisîmes notre petite troupe chez M. le colonel Batereau et chez M. le major de la Place, qui les assistèrent de leur charité.

Le 26, ne voyant aucune apparence de partir de Gibraltar avant Pâques, faute de voitures, et à cause des mauvais chemins et de la pluie qu'il faisait, nous exhortâmes tous nos chrétiens de se préparer à se confesser, afin de faire leurs Pâques et se mettre en état de remercier le Seigneur de la grâce qu'il leur avait faite de rompre leurs chaînes. Nous y employâmes les jours suivants, et nous eûmes la satisfaction de les voir s'acquitter du devoir pascal.

Le premier avril, nous solennisâmes la fête de la Résurrection de Notre Seigneur, et les deux fêtes.

« Tu me fais connaître la route de la vie... » (Ps 16,11)

Le 3, le Père Darcisas, qui était resté à Ceuta, vint nous trouver après avoir reçu la réponse des deux lettres que nous avions écrites au Pacha de Tetouan, au sujet d'un plus grand nombre d'esclaves que nous avions souhaité racheter par son moyen. Il nous félicitait de notre heureuse arrivée à Gibraltar et nous marquait qu'il ne pouvait alors faire cette demande au Roi mais que, quand nous amènerions de France les quinze Maures, après les avoir obtenus de notre Roi très chrétien, il s'emploierait pour obtenir du Roi son maître les esclaves chrétiens que nous lui avions demandés.

Le 4, M. Partyet, Consul de France à Cadix, qui venait d'arriver à Gibraltar, par les ordres du Roi d'Espagne, nous donna une nouvelle marque de sa générosité en nous offrant, lorsque nous serions arrivés à Cadix, sa maison et sa table, non seulement pour nous mais encore pour nos chrétiens rachetés. Pour cet effet, il nous donna une lettre pour Mlle. Partyet, sa fille, et une autre pour M. de Lastre, chancelier du consulat de notre nation.

Le 7, nous partîmes à pied de Gibraltar, après avoir pris congé de nos amis. Nous vînmes à Saint Roch, qui n'en est éloigné que d'une lieue. M. le marquis de Montréal, commandant général du camp de Sa Majesté Catholique, fit loger nos esclaves le plus commodément qu'il lui fut possible et nous offrit son hôtel et sa table de si bonne grâce que nous ne pûmes nous défendre de l'accepter. Il avait pour lors chez lui M. son père, qui a fait profession chez nos Religieux déchaussés à l'âge de soixante-quatre ans, après en avoir passé la plus grande partie dans le service et dans les emplois les plus considérables de la cour d'Espagne. M. de Montréal s'était engagé le jour précédent de nous faire donner des chevaux autant que nous en aurions besoin pour nos hardes, pour nos chrétiens et pour nous, au même prix que les habitants sont obligés d'en fournir aux officiers et aux troupes quand ils changent de garde. Mais il nous dit que, si nous ne faisions un séjour chez lui, il n'y avait aucun cheval à notre service. Cette politesse nous donna lieu de connaître son bon cœur : le lendemain il fit venir nos chevaux à la porte de son hôtel et nous donna une lettre de recommandation pour le coregidor de Medina-Sidonia, afin de l'engager à nous faire donner des chevaux, selon la taxe du Roi.

Le 8, nous partîmes de Saint Roch et vînmes coucher à l'ermitage, qui est une maison en pleine campagne. Le 9, nous arrivâmes à Medina-Sidonia. Cette ville est située sur une montagne fort escarpée, au sommet de laquelle il y a un château qui aurait paru autrefois imprenable. Il est maintenant tout en ruine. C'était le siège de l'évêque de Cadix. L'église cathédrale est très belle et le revenu des chanoines considérable. Il y a plusieurs paroisses et plusieurs communautés de l'un et de l'autre sexe. Nous rendîmes le même jour notre lettre à M. le coregidor, qui nous reçut avec des marques d'un cœur vraiment charitable car il ne se contenta pas d'ordonner qu'on nous fournît le lendemain autant de chevaux que nous en avions besoin mais encore nous fit une aumône pour aider à subvenir à notre dépense.

Le 10, nous vînmes coucher à l'île et le 11, nous arrivâmes d'assez bonne heure à Cadix. La joie que les gardes des portes avaient de nous voir avec nos esclaves leur fit oublier de visiter nos coffres. Dans un instant, toute la ville fut informée de notre arrivée et la plus grande partie nous témoignait en passant le plaisir qu'on avait de notre heureux retour. Nous allâmes droit à la maison de M. le Consul, nous rendîmes sa lettre à Mlle. Partyet qui fut aussi consolée de nous voir en liberté qu'elle avait été mortifiée d'apprendre que nous étions comme en esclavage. Elle donna sur le champ les ordres pour faire loger nos esclaves. M. de Lastre, chancelier du consulat, donna aussi les siens pour que rien ne leur manquât. Depuis le jour de notre arrivée à Cadix jusqu'à notre départ, nous reçûmes tous les bons traitements que la charité la plus ingénieuse et la politesse de Mlle. Partyet lui pût inspirer, pour nous faire oublier ce que nous avions souffert de dur pendant les huit mois que nous avions été retenus en Barbarie.

Le lendemain de notre arrivée, nous allâmes rendre nos très humbles respects à M. le Gouverneur, qui voulut voir les esclaves et les faire voir aussi à Madame la Gouvernante, qui est française. Il nous fit dîner chez lui, avec les offres de service les plus obligeants. Tous nos amis étaient charmés de nous revoir.

« Il montre quel chemin choisir... » (Ps25,12)

Comme les fonds que nous avions laissés à Cadix n'avaient point été consommés par la dureté du Roi du Maroc à ne pas vouloir nous relâcher des chrétiens français pour de l'argent, et par la précaution que nous avions eue de ne pas les exposer à l'avidité des Maures qui eussent bien voulu nous les ravir, nous prîmes la résolution que l'un d'entre nous irait à Alger employer le reste de nos sommes destinées au rachat des captifs français qui s'y trouveraient, dans l'espérance de ramasser en France de nouveaux secours pour retirer ceux que nous avions laissés à Meknès, si le Roi du Maroc devenait plus traitable. Le Père de la Faye et le Père Darcisas trouvèrent à Cadix un vaisseau nommé *Le Saint Louis* dont Monsieur du Coudray était propriétaire et capitaine, monté de 26 canons et de 50 hommes d'équipage. Il voulut bien se charger de nous transporter à Marseille où il allait. Nous devions passer de là à Alger. Nous convînmes avec le Père Le Roy, notre confrère, qu'il retournerait en France accompagné du frère Nicolas, qui était venu avec le défunt Père Mackar, et qu'il y conduirait nos esclaves revenus du royaume de Maroc. Il devait s'embarquer peu de jours après nous sur le vaisseau nommé *Le Mars,* commandé par M. du Rumin de Menissy, de 24 canons, et de 50 hommes d'équipage. Il partait pour le Havre de Grâce.

Après les adieux ordinaires entre confrères qui avaient couru les mêmes dangers et participé aux même travaux, nous nous embarquâmes avec M. du Coudray le 24 avril.

Il fallut quelquefois recommencer à payer le tribu de la mer : la Méditerranée voulut avoir le sien. Nous fîmes voile assez bien pendant 8 jours. Nous vîmes sur notre route Trafalgar, la Tour de Tarifa, le cap Molinaro, Castel-Ferro, le Cap Gatto, l'île Formigas, le Cap de Palos, le château de Denia, et l'île de Colombette. Nous découvrîmes la ville de Barcelone le 29 du même mois, celle de Matara le 30, et le cap de Saint-Sébastien.

Le 2 mai, nous pensâmes échouer à une lieue du port du Bout, en Provence, le vent du sud nous ayant jetés sans nous en apercevoir auprès d'un banc de sable. Si nous avions continué notre route seulement un quart de lieue, nous allions périr sur les bans du golfe de Fos. Lorsque le capitaine vit le danger, il fit mettre le pavillon en berne et tirer un coup de canon. C'est le signal pour demander du secours. On mit le canon au fond de cale pour avoir plus de leste et dégager le premier pont afin de faire plus facilement la manœuvre. Le secours ne vint qu'après un second coup de canon : une tartane et une barque de port nous joignirent. Les patrons nous indiquèrent à quelle hauteur de terre nous étions. Personne dans le vaisseau n'en avait connaissance. Enfin ces guides nous conduisirent au port. Nous en voulions partir le 3. Un vaisseau anglais fut plus hardi, il s'éloigna pour faire sa route mais il alla toucher sur le roc du château. Peu s'en fallut qu'il ne fût brisé. Pour nous, nous avions relâché.

Nous n'entrâmes à Marseille que le 7. Il y avait une tartane prête à sortir pour aller à Alger. Elle s'appelait *Le*

Saint-Joseph. Elle était fort petite : à la voir il paraissait qu'il y avait à risquer mais on nous dit que quelquefois ces petits bâtiments se tirent mieux d'affaire que les grands. Le patron voulut bien se charger de nous. Nous y entrâmes la nuit du 13 au 14. Il voulut partir dans la nuit mais la fuite de 8 Turcs des galères fit donner ordre de ne laisser aucun vaisseau que de jour. On vint faire dans la tartane une visite fort exacte. Aucun des Turcs ne s'y trouva. On ne mit à la voile que le 15. Nous n'avions pas encore fait six lieues le lendemain midi, le vent n'étant point favorable. On fut obligé de relâcher à la hauteur du port du Bout. Nous ne pûmes remettre à la voile que le 18 avec un assez bon vent, mais qui devint bientôt contraire, de sorte que l'on fut obligé de relâcher le 19, au port de Cadaque en Catalogne. Dieu l'avait permis pour nous mettre en état de célébrer la fête de la Pentecôte, hors du trouble de la navigation et de l'embarras où l'on se trouve nécessairement. La fête était le 20. Nous allâmes dire la messe à l'église de la paroisse. Ceux de l'équipage en profitèrent. Ils se partagèrent pour ne pas laisser la tartane seule dans le port. Le mauvais temps nous y arrêta les deux fêtes suivantes. Le curé nous reçut fort bien : il nous donna plusieurs fois à manger. Il parlait français : sa compagnie nous dédommageait du chagrin du retard.

Nous nous rembarquâmes le 23, à cinq heures du matin, par un bon vent, en sorte qu'à dix heures nous étions déjà à douze lieues, à la hauteur de Palamos. Le vent ne dura pas jusqu'au lendemain, nous n'allions plus si vite. Nous nous trouvâmes à la hauteur de Majorque le 25 au matin et le 26 nous vîmes les terres du Port Mahon. Le vent devenu contraire, il fallut relâcher devant l'île de Majorque, au port de Colombe, et y jeter l'ancre.

Ce ne fut pas une contrariété pour nous, c'était le dimanche, fête de la Sainte Trinité, la principale de notre Ordre, sous le nom de laquelle Dieu l'a institué.

Nous la célébrâmes dans notre tartane : il n'y avait pas moyen d'aller à terre. La descente nous était refusée, quelque insistance que nous pûmes faire, les ordres de la cour de Madrid étaient précis de ne laisser descendre aucun Français sur les terres d'Espagne. Nous nous trouvions dans la fâcheuse circonstance du retour de l'Infante. Les consuls de la nation avaient eu ordre de se retirer. Ce n'était pas le seul contre temps qui nous tenait : les provisions nous manquaient depuis trois jours. Nous étions devant ce port à demander la permission d'acheter des vivres. Le Père de la Faye, de l'avis du patron, se présenta à la faveur de notre habit pour fléchir des paysans qui gardaient la côte, lesquels ayant aperçu la chaloupe qui s'approchait, menaçaient de faire feu. Le Père de la Faye eut beau dire que nous étions des Religieux qui allaient à Alger racheter des captifs, il fallut rester là. Une heure après, on cria qu'on voulait nous parler. Alors le Père Darcisas, qui savait la langue, alla représenter le besoin où nous étions. La garde lui répéta la défense de laisser aucun Français mais qu'on allait essayer d'obtenir la permission du Bayle du village, distant de trois lieues.

Il envoya le lendemain son lieutenant qui laissa descendre le Père Darcisas et deux de nos matelots. Après avoir vu ses passeports, ils allèrent au village appelé Félanis. On le conduisit chez le Bayle. Il le reçut assez cavalièrement et commença à lui dire un peu en colère qu'il avait été bien hardi de descendre à terre, que si ce n'était le respect qu'il avait pour son caractère, il l'aurait fait mettre en prison. Le Père Darcisas lui répondit qu'il n'était point venu par force, que son lieutenant l'avait accompagné. Le Bayle, un peu adouci, lui dit que les ordres du Commandant général portait que personne ne pourrait descendre à terre sans sa permission, qu'ainsi il n'était point en état de lui rien accorder avant de l'avoir reçue. Il le pria ensuite de venir chez lui, où il dicta une lettre à l'écrivain du village pour le Commandant général, qui réside à Majorque. Il y inséra la date des passeports, justifiant sa conduite et mettant la faute sur son lieutenant, l'assurant qu'il renverrait sur ses pas le Père Darcisas. Cependant, il lui assura qu'il lui ferait donner, en payant, les provisions nécessaires. En attendant le Père Darcisas alla chez le curé lui demander la permission de dire la messe. Il ne voulut point la lui donner, disant qu'il fallait celle de l'Évêque de Majorque ou du grand Vicaire. En marchant pour venir à la chaloupe, il prenait des provisions comme en courant et payait sans marchander. On nous laissa aller.

Le 30, nous appareillâmes, avant le jour, mais huit heures après nous fûmes obligés de rentrer à cause du vent contraire du sud-sud-est, qui ne nous permettait pas d'avancer en pleine mer, quoique nous eussions grande envie de gagner un autre port. La fête du Saint Sacrement était le 31. Nous célébrâmes la messe plus aisément que si nous avions été à la voile. Le 1er juin le temps nous fit faire route, nous perdîmes de vue l'île de Majorque.

« Fais éclater ta fidélité... » (Ps 17,7)

Le lendemain, à la pointe du jour, nous découvrîmes les terres d'Alger et à sept heures le cap de Matifou nous restait au nord-est, à la hauteur duquel on distinguait assez bien la ville et les avenues. Il n'y avait plus que deux lieues pour arriver au port. Le calme nous ayant pris, nous ne pûmes y entrer qu'à force de faire remorquer notre petit bâtiment, qui fut mis à l'ancre.

Ce port est fermé par un môle d'environ cinq cents pas, qui de la terre ferme va jusqu'au rocher où est le fanal, avec trois batteries de fonte et plusieurs autres fortifications, où il y a encore plusieurs batteries.

Les environs de la ville aussi bien que le coteau, qui règne le long de la rade, sont remplis de jardins ou de maisons de campagne et forment un paysage fort agréable à la vue.

« Toi seul me fait demeurer en sécurité... » (Ps 4,9)

Avant de débarquer, nous écrivîmes à Monsieur Durand, Consul de France, pour l'informer de notre arrivée.

Sur l'avis que nous lui avions donné, il avait prévenu le Dey. Il vint nous offrir sa maison, et nous conduisit d'abord à celle du Dey. Il n'y a pas à Alger, comme à Meknès, tant de précautions à garder pour paraître devant le Roi, qu'ils appellent Dey. Le Dey n'y est pas absolument le maître. Le Divan et la Milice décident avec lui des affaires importantes.

Il fallut lui laisser une de nos caisses de piastres

pour gage des droits qu'il pouvait exiger de nous. Il n'y a pas de présents à faire, mais il faut commencer par compter 3 % de tout l'argent ou de la valeur des marchandises que l'on apporte : cela fait partie du revenu du Deilic, c'est-à-dire de la République.

Monsieur le Vicaire apostolique, ayant appris bientôt notre débarquement, nous envoya son compagnon pour nous offrir tout ce qui dépendait de lui. Il ne pouvait venir nous voir lui-même ce jour-là, à cause de quelque indisposition. Il est d'un grand âge.

Nos Pères espagnols ont à Alger un hôpital pour les chrétiens malades. Aussitôt qu'ils eurent avis de nos arrivées, ils vinrent nous trouver et nous invitèrent avec Monsieur le Consul à dîner chez eux.

Monsieur le Consul voulut aussi nous mener à sa maison de campagne, qu'il a fait bâtir à la manière du pays. Nous y passâmes le 4 et y revînmes le 5. Elle est fort agréable, assez grande, l'enclos spacieux. Les armes de France y paraissent de toutes parts. On y déploie le pavillon français les jours de fête. Une chapelle y est construite, où l'on dit la messe les fêtes et dimanches.

Nous avions conféré avec le Consul de ce que nous avions à faire pour parvenir au rachat de nos français captifs. Il est fort au fait des usages du pays et il était plus en état que personne de nous bien conduire dans l'exercice de notre ministère. Nous lui trouvâmes tout le zèle et l'esprit de charité que nous pouvions souhaiter. Il nous a retenus chez lui tout le temps que nous avons été en ce pays-là. Il ne voulut point souffrir que nous eussions d'autre table que la sienne. Il obtint pour nous, dès le même jour, une seconde audience du Dey, qui nous donna la permission de traiter avec les particuliers du rachat des esclaves qu'ils avaient en leur possession.

« Une assemblée de peuples t'environne... » (Ps 7,8)

Nous nous trouvions dans les jours de la fête principale des Algériens. Elle dure trois jours. Lorsqu'elle commence, les chrétiens comme les autres sont obligés d'en aller faire compliment au Dey. Ils se rendent tous à la maison, le Consul de chaque nation en tête. Le Divan, ou Conseil d'assemblée, chacun à son tour va baiser la main du Dey qui a une bague au doigt. C'est la marque de sa dignité, nul n'en peut avoir que lui. Au surplus, il est vêtu comme les autres. Nous aperçûmes, dans une grande salle, un repas préparé pour le Divan, qui mange avec le Dey ce jour-là. Il y avait dans la cour beaucoup de sable répandu.

Le repas fini, huit soldats tous nus, frottés d'huile, se battent les uns contre les autres. Celui qui terrasse l'autre sur le sable remporte le prix pourvu qu'il le tienne à terre car, si celui qui est tombé sous l'autre, se retourne sur celui qui l'a terrassé, il n'y a rien à faire : il faut recommencer pour gagner le prix.

Cette fête ne finissant qu'au 15, nous nous retirâmes pendant ce temps là à la maison de campagne de Monsieur le Consul.

« Un rien, et sa colère s'enflamme... » (Ps 2,12)

Aussitôt après notre retour, nous demandâmes une troisième audience au Dey qui nous l'accorda le 16. Il n'était pas de bonne humeur. Il s'était imaginé que nous étions allés à Alger pour racheter principalement les esclaves qu'ils avaient faits sur un vaisseau de la compagnie d'Ostende que les corsaires avaient pris au mois de mai 1724. Ils étaient bien résolus de ne les pas relâcher, quelque prix qu'on en pût offrir. Nous dîmes au Dey que nous ne demandions que des Français. A la vérité, nous pensions aussi à retirer le plus que nous pourrions de Flamands, même de ceux qui sont sujets de l'Empereur, parce que beaucoup de nos confréries de la Flandre se trouvent dans le pays de la domination de sa majesté impériale. Nous avions entre les mains des aumônes de la Flandre, du pays autrichien et de Liège, que le Père Mackar avait apportées avec lui, que nous devions employer, comme il était juste, au rachat des sujets de chaque souverain. Ce furent les premières difficultés que nous eûmes à éprouver. Nous ne jugeâmes pas à propos d'insister là-dessus, dans l'espérance qu'après que nous aurions obtenu la liberté d'acheter des particuliers les esclaves qu'ils avaient, ce serait à nous d'avoir les attentions que nous nous étions proposées.

Une autre difficulté se présentait. Ils avaient avis que le Grand Seigneur ottoman, qui prétend une espèce d'autorité à Alger, s'intéressait à ceux d'Ostende et voulait que le vaisseau qui avait été pris fût restitué, comme n'ayant pas été de bonne prise, l'Empereur étant en paix avec le

Grand Seigneur. Les Algériens, qui depuis plusieurs années ont secoué le joug de l'empire du Grand Seigneur, à quelque tribut près, jaloux de leur indépendance, sont si fort en garde contre tout ce qui pourrait y donner atteinte que le Dey nous répéta plusieurs fois que si nous rachetions quelques uns de ceux d'Ostende, il ne les laisserait point sortir et que notre argent serait perdu pour nous.

Après ce discours, il nous fit entendre qu'il en avait plusieurs à lui dont il pourrait composer avec nous. Nous étions bien avertis que c'était par les siens qu'il fallait commencer, qu'il y met le prix qu'il lui plaît et que quand on ne s'y rend pas, il révoque bientôt la permission d'en acheter des particuliers. C'était la troisième difficulté sur laquelle nous avions des mesures à prendre. Il n'y en avait pas d'autres que de faire sa volonté, en tirant le meilleur marché qu'il voudrait bien nous faire. Il ne fallait pas paraître difficiles sur ce dernier article, pour le disposer favorablement sur le reste et surtout pour l'engager à nous laisser emmener ceux des Flamands, sujets de l'Empereur, que nous comptions de confondre avec nos Français et les faire passer pour tels. Le Dey profitant de son côté en nous vendant les siens à haut prix, nous pouvions espérer qu'il voudrait bien ignorer de quel pays seraient les autres, dont nous devions composer avec les particuliers.

« Sors moi de ma prison, que je célèbre ton nom... » (Ps142,8)

M. le Consul obtint et vint avec nous à une quatrième audience du Dey. C'était là qu'il fallait conclure le marché de ses esclaves. Il nous en accorda cinq moyennant deux mille quatre cents piastres, sans compter le droit des portes et les trois pour cent du montant de nos fonds qu'il avait retenus.

Nous commençâmes dès le même jour à traiter avec différents patrons. Nous en achetâmes deux assez chers.

En ce pays-là, les patrons viennent quelquefois nous les offrir, quelquefois ils les laissent venir eux-mêmes nous solliciter de les racheter. Il en venait plusieurs mais les patrons les mettaient à un prix exorbitant. Notre négociation n'allait pas aussi vite que nous l'aurions souhaité. Cependant, chaque jour nous mettions en liberté quelque malheureux.

Il s'y glissait quelques Flamands autrichiens que nous faisions passer pour Français, ce qui était conforme à la vérité, toute la Flandre ayant fait autrefois partie du royaume de France. Des comtes de Flandre ont été fils de nos rois.

Nous étions déjà au troisième de juillet.

« Libère-moi du méchant... » (Ps17,13)

Le 4, M. le Consul étant allé chez le Dey, celui-ci se déchaîna fort contre nous de ce que nous avions racheté des Flamands, jusqu'à lui dire qu'il n'avait qu'à sortir du pays avec nous et notre interprète. M. le Consul, homme d'esprit et d'expérience, accoutumé à ses emportements, dut bientôt le radoucir, de manière qu'il le fit consentir que nous achèterions indifféremment des esclaves de toute nation mais toujours avec défense d'en prendre aucun de ceux du vaisseau de la compagnie d'Ostende.

Effectivement, le lendemain deux de ceux-là, dont le prix était fait et l'argent donné, vinrent nous dire, avec grandes larmes, qu'ils étaient encore esclaves, leur patron le leur ayant déclaré, attendu la résolution du Dey.

Il était si déterminé là-dessus que les Anglais, autorisés du Consul de leur nation, étant allés lui demander de nous laisser racheter un de leurs domestiques, natif de Dunkerque, par conséquent Français, mais de l'équipage du vaisseau d'Ostende, n'eurent d'autre réponse de lui que beaucoup d'invectives contre nous.

Nous pressentîmes cependant qu'il y avait de sa part des vues d'intérêt particulier. Il avait encore des esclaves à lui appartenant dont il souhaitait avoir bon prix, entre autres deux jeunes Flamands qui lui servaient de pages.

Leur esclavage n'était pas bien dur mais le danger pour eux n'en était que plus grand. Il n'y avait point à ménager dans une occasion où la religion demandait de nous de les arracher des griffes du lion rugissant. L'abandon de la foi suit de près l'habitude dans le crime. Ils n'en connaissaient encore que l'horreur, c'était à nous de les mettre hors de la tentation. Nous promîmes ce qu'il nous demandait pour les deux jeunes Flamands

Le Dey était entêté que nous avions apporté plus d'argent que nous ne lui en avions déclaré. Il nous soupçonnait toujours d'être chargés particulièrement pour ceux d'Ostende. Nous fîmes tant de protestations de la sincérité de notre déclaration sur le tout et lui dîmes de si bonnes raisons, soutenues par des promesses de revenir une autre fois plus riches, qu'enfin il nous laissa libres de choisir.

« Près de lui, abonde le rachat... » (Ps130,7)

Nous nous pressâmes d'en profiter. Il y a toujours quelque révolution à craindre en ce pays-là. Les Maures sont asservis par les Turcs, qui composent la milice et parviennent aux charges du gouvernement.

Nous prîmes jour pour compter la somme. Ce fut le dix. On nous fit entrer dans la chambre du Dey, après nous avoir fait ôter nos souliers, car il est comme un Roi et exige cette marque de respect. L'on n'est pas bien saisi à la vue de son appartement. On y monte par un assez petit escalier. Il n'y a qu'un salon qui précède sa chambre. Elle est sans aucun ornement : un tapis par terre et, pour tapisseries, des fusils, des pistolets et des sabres attachés contre les murs. La somme délivrée, nous nous retirâmes pour aller faire de meilleurs marchés.

Il sera difficile de croire que, pour sept des siens, nous donnâmes autant, compris le droit des portes et celui de trois pour cent de nos fonds, que nous avaient coûté les présents que nous avions faits au Roi du Maroc, qui nous avait donné quinze chrétiens. Mais, à Alger, nous avions un dédommagement : le Dey nous laissait la liberté de traiter avec les patrons, qui nous faisaient meilleure composition. Depuis notre arrivée jusqu'au 14, nous avions racheté quarante-deux captifs.

Nous y avions consommé le reste de nos fonds. Nous empruntâmes pour en avoir encore un, le seul Français qui restait de ceux que nous pouvions racheter. M. le Consul et le Père François Navarro, Religieux espagnol, administrateur de l'hôpital, nous prêtèrent pour la rançon de ce pauvre malheureux, qui se trouvait fort affligé de rester captif, et aussi pour les provisions de notre retour et autres frais indispensables.

Nous y employâmes trois ou quatre jours. Nous étions impatients de sortir de ce pays avec nos chrétiens délivrés pour ne pas être exposés à des contretemps. Nous avions affrété une flûte pour nous repasser à Marseille.

« Mes pieds n'ont pas chancelé... » (Ps 17,2)

Le 21 et le 22, nous passâmes les actes nécessaires devant monsieur le chancelier du consulat pour le marché du passage et les certificats du rachat des captifs. Le 23, nous fîmes porter nos hardes au vaisseau où nous nous embarquâmes le 26, après avoir passé en revue devant le Dey.

Celui-ci s'attacha particulièrement à un nommé Christian Ben. Il eût promis de grands avantages s'il voulait renoncer au christianisme. Celui-ci refusa avec une fermeté qui édifia tous ceux qui étaient présents.

Ensuite chacun défila en prenant sa carte blanche pour passer les portes. Monsieur le Consul, qui nous avait accompagnés chez le Dey, voulut encore venir jusqu'au navire, aussi bien que Monsieur le Vicaire apostolique et nos Pères de l'hôpital. Notre vaisseau tira le canon pour faire honneur à Monsieur le Consul.

Nous prîmes le large le même jour et, le 28, nous nous trouvâmes dans la rade d'Yviça en Espagne, où notre patron voulait nous faire faire quarantaine, prétendant qu'elle serait plus courte que si nous venions la faire en quelque port de France.

On vint nous reconnaître à la portée du pistolet. Une heure après, nous allâmes dans notre chaloupe avec le patron faire voir le passeport à ceux qui étaient venus nous reconnaître.

Le 30, on nous laissa descendre à terre avec nos chrétiens. Quelques-uns avaient des instruments, dont ils jouaient avec des cris de joie à leur façon, pour témoigner celle qu'ils avaient de se voir en terre chrétienne. Plusieurs personnes de la ville vinrent nous interroger, chacun selon sa curiosité.

L'examen de la santé aboutit à nous donner une garde, à nous faire décharger nos marchandises et les apporter à une petite île voisine. Cependant nous rentrâmes dans notre petit vaisseau. Monsieur le Gouverneur avait donné ordre de nous fournir les provisions nécessaires. Il nous écrivit aussi une lettre fort obligeante, à laquelle nous répondîmes avec action de grâce, en le priant d'abréger notre quarantaine autant qu'il le pourrait. Il nous écrivit le 2 août une lettre aussi fort honnête mais pour nous dire qu'il avait des mesures à garder avant de nous faire rentrer dans la ville. Nous n'y fûmes reçus que le 5.

On nous conduisit chez M. le Gouverneur, lequel après une courte conversation, nous introduisit chez

Madame la Gouvernante, qui nous combla d'honnêtetés. Il nous fit l'honneur de nous donner à dîner le lendemain. Nous revenions coucher à notre vaisseau. Nous retournâmes à terre le 7. Les Pères jésuites établis dans cette ville étaient venus nous offrir leurs bons offices le premier jour que nous étions descendus à terre. Ils vinrent ce jour-là nous presser de loger chez eux. Nous y reçûmes toutes les marques de la plus généreuse hospitalité.

Cependant, nous sollicitions la permission de rembarquer les marchandises dont notre flûte s'était chargée à Alger. C'étaient des balles de laine. Cela faisait quelques difficultés. Nous l'obtînmes enfin le 16.

Le 21, nous étions retournés à notre vaisseau en rade, dans l'espérance de mettre à la voile, lorsqu'un ouragan furieux nous surprit, nous fit dérader avec grand danger et nous contraignit d'abandonner l'ancre avec le câble. Tout notre équipage était dans la confusion. La manœuvre se faisait mal. Nous en fûmes quittes pour une heure d'épouvante. Notre ancre que nous avions crue perdue se retrouva le lendemain. Monsieur le Gouverneur, Madame la Gouvernante et mademoiselle leur fille, accompagnés de plusieurs officiers, vinrent nous témoigner la part qu'ils avaient prise à notre alarme. Monsieur l'Intendant nous fit dire qu'il viendrait le lendemain voir si nous étions encore à l'ancre. Nous ne pensions plus qu'à profiter du vent pour nous éloigner. Nous remîmes à la voile le 23.

Nous avions compté d'entrer en France par le port de Sète en Languedoc. Nous y arrivâmes le 30. Nous fûmes surpris d'y trouver opposition. On nous fit savoir qu'il y avait des ordres de la Cour de n'y laisser entrer aucun vaisseau venant du levant, quelque quarantaine qu'il eût faite en pays étranger, qu'il fallait nous rendre à Toulon ou à Marseille. Malgré les sollicitations des personnes de considération qui s'intéressaient à obtenir pour nous cette grâce, nous fûmes obligés de quitter le port le 3 de septembre. Nous arrivâmes le lendemain à deux lieues de Marseille. Nous ne pûmes avancer davantage de peur de périr : le vent était trop fort. Le 5, de bon matin, un de nous se détacha avec le patron de la flûte pour demander l'entrée à Marseille et, sur l'examen de nos certificats de la quarantaine que nous avions faite à Yviça, on nous l'accorda.

« Je chanterai le nom du Seigneur, le Très-Haut... » (Ps 7,18)

Nous entrâmes dans la ville le 6 vers les 10 heures du matin et nous nous rendîmes au couvent de notre Ordre. La procession fut remise au 8, fête de la Nativité de la Vierge. Nous apprîmes alors par notre Père général que le Père Le Roy, notre collègue, était entré en France par le Havre en Normandie avec nos captifs du royaume de Maroc après une fort longue navigation par les vents contraires et qu'il nous attendait à Cerfroid avec eux dans la maison capitale de notre Ordre.

Tout ayant été réglé pour la procession, elle se fit fort solennellement. La confrérie des pénitents blancs ouvrait la marche. Les chrétiens rachetés les suivaient, la communauté de nos Religieux après, et nous ensuite, avec des palmes, ayant deux des confrères des pénitents à nos côtés.

Quatre autres étaient auprès du Père ministre de notre maison, revêtu d'une chape, qui fermait la marche. Nous allâmes ainsi à la cathédrale, les cloches sonnantes. Les antiennes ordinaires chantées, la procession passa dans les principaux quartiers de la ville et rentra dans l'église des Religieux de l'Ordre.

Le jour de la cérémonie passée, nous songeâmes à donner aux captifs les hardes dont ils avaient besoin pour continuer le voyage jusqu'à Paris. Une compassion plus qu'ordinaire nous avait poussés à payer la rançon avec ce qui nous restait pour notre retour. Un banquier, correspondant de Monsieur Masson, négociant à Cadix, nous déclara qu'il avait ordre de nous remettre quatre mille piastres qu'une personne charitable de Paris, qui ne voulait point être connue, avait fait tenir à Cadix pour nous aider au rachat des captifs du royaume du Maroc ou d'Alger. Cette somme venait fort à propos pour satisfaire aux engagements que nous avions contactés à Cadix pour le nommé Madières et à Alger dans les emprunts que nous y avions faits. Nous en éprouvâmes encore l'effet lorsque, sur la route approchant de Paris, nous trouvâmes les vivres à un prix où n'auraient pu atteindre les charités qui suffisent ordinairement au passage de ces pauvres délivrés de la servitude.

C'est ainsi que la miséricorde de Dieu, toujours inépuisable dans ses trésors, avait pourvu à l'extrême envie que nous avions eue de n'y laisser esclave aucun catholique français [25]. Nous pressentions maintenant, dans cette

[25] Sauf deux, que les patrons ne voulurent pas nous accorder parce

libéralité imprévue, la réponse de la Providence, sa ressource abondante.

Nous sortîmes de Marseille le 10 et nous nous rendîmes à Aix où la procession se fit le 11 avec autant de solennité qu'à Marseille. Messieurs les consuls de la ville y assistèrent et ceux de la plupart des villes où nous passâmes, comme à Hourgon et à Saint-Rémy.

Nous arrivâmes à Avignon le 17. Monsieur le Vice-légat et Monsieur l'Archevêque nous y reçurent chacun de leur part avec toutes les bontés imaginables. La procession fut indiquée au lendemain. Toute la ville marqua bien de la joie de voir ces pauvres captifs. La symphonie de la métropole accompagna la procession, qui fut reçue dans l'Église avec une pompe aussi magnifique que mérite une cérémonie si touchante. Le Père Darcisas prêcha. Monsieur le Vice-légat et Monsieur l'Archevêque l'honorèrent de leur présence et marquèrent leur satisfaction par leurs aumônes.

Nous vînmes de là à Orange, à Boulême où l'on fit la procession à cause de la confrérie des captifs qui y est établie. Elle se fit encore à Montélimar. Monsieur le théologal de la collégiale y assista accompagné de plusieurs ecclésiastiques. A Lauriol, monsieur le curé, par les quêtes qu'il fit lui-même, anima la charité des habitants en faveur de nos pauvres délivrés.

Nous vînmes ensuite à Valence. Pour se préparer à la

---

qu'ils leur étaient fort utiles et qu'ils avaient pris confiance en eux, leur esclavage étant supportable et les patrons ne les tourmentant point sur la religion.

procession, on s'assembla dans l'église de l'hôpital desservie par une communauté de filles qui a pris l'habit de notre Ordre, sous le nom aussi de la Sainte Trinité. Elles témoignèrent bien, par tous les soins qu'elles prirent à disposer toutes choses avec une magnificence peu ordinaire, combien elles sont dévouées au ministère de notre institut. La station finit à la cathédrale. Monsieur l'Abbé de Saint-Ruf, général de son Ordre, nous reçut dans son église parfaitement bien et fit ses charités.

Nous nous rendîmes à Vienne le 25, où se fit encore la procession. Nous y avons une confrérie dans l'église paroissiale de Saint-Martin. Tout s'y passa à peu près dans le même ordre. Messieurs les consuls firent loger gratuitement nos captifs dans les casernes.

Nous arrivâmes à Lyon. Le Père ministre et la communauté vinrent nous prendre au faubourg de la Guillotière et nous conduisirent processionnellement à leur église. On différa la cérémonie principale au premier jour d'octobre afin d'avoir le temps de préparer toutes choses à un appareil qui fut des plus solennels. Monsieur l'Archevêque, qui est aussi lieutenant de Roi, permit et ordonna, dans l'une et dans l'autre de ses qualités, tout ce qui dépendait de son autorité pour rendre la cérémonie des plus augustes.

On ne s'attache point ici à faire tout le détail de ces processions parce que c'est à peu près le même qui s'est pratiqué en l'année 1720 lorsque nos Pères revinrent d'Alger et de Tunis, où ils avaient racheté un grand nombre de captifs.

Nous partîmes de Lyon le 3 octobre. Nous passâmes à

Roanne le 5, où se fit la procession, et aussi à Nevers le 11. Monsieur l'Évêque la fit passer par le cours de son palais pour la voir et y faire ses libéralités. Nous la fîmes encore à Montargis, où Monsieur le Maire fit donner des logements à nos captifs avec des attentions qu'on ne saurait oublier.

Nous arrivâmes le 18 à Fontainebleau, où le Roi faisait alors son séjour. Le Père Le Roy nous y attendait avec nos captifs rachetés de Maroc. Les Religieux de notre Ordre desservent la chapelle du château. Ils vinrent audevant de nous avec le Père Le Roy, quantité d'enfants habillés en ange, les hautbois, les trompettes et les cymbales du Roi. Nous entrâmes ainsi processionnellement et, après avoir fait station à la paroisse qui se trouvait sur notre chemin, nous nous rendîmes à la chapelle du château, où se fit la réception en la manière accoutumée. Le lendemain, la procession passa avec le même appareil dans les cours du château.

Dans celle de l'ovale, le Roi lui fit l'honneur de la voir jusqu'à la fin. Sa Majesté était à la fenêtre de son cabinet. La procession rentra dans la chapelle, les captifs y restèrent au même ordre pendant la messe du Roi.

Une heure auparavant, on les avait fait placer, ainsi que les anges, le long de la galerie de François Ier, où la Reine allant à la messe vit tous les captifs avec l'œil de bonté et de religion qui fait l'admiration de la France. Le spectacle était nouveau pour elle. Sa Majesté y fut si sensible qu'elle fit donner cinquante Louis d'or et choisit Madame la princesse de Chalais pour faire une quête, où le Roi signala sa charité. Toute la cour suivit son exemple.

Sa majesté eut aussi la bonté d'accorder les quinze Maures de ses galères, par le ministère de M. le comte de Maurepas, dont la compassion pour les captifs et le zèle pour leur rachat est héréditaire dans la famille.

« J'accède à ta maison... » (Ps 5,8)

Débarqués au Havre, le Père Le Roy et les captifs avaient été reçus avec toutes les démonstrations de la charité que les peuples avaient déjà témoignée lors du départ des Pères députés. Il y firent la procession qui commença par l'église paroissiale. Monsieur le curé leur fit tous les honneurs que l'on pouvait espérer de son zèle. Monsieur de la Grange, lieutenant du Roi, avait donné ses ordres à ce que l'affluence des peuples n'y apportât point de trouble.

De là à Lislebonne, à Caudebec puis à Rouen, où les Religieux de l'Ordre sont établis et vinrent prendre les captifs au vieux palais de la ville pour les conduire à l'église du couvent, où ils reçurent la bénédiction du Saint Sacrement et séjournèrent huit jours. On y fit une procession aussi solennelle que celle faite à Paris.

On en fit une aussi à Pont-Audemer ; à Honfleur où Madame Matharel, en l'absence du Gouverneur, son fils, eut les mêmes attentions qu'on avait eues au Havre et ordonna de faire paraître au dehors tous les pavillons des vaisseaux. Monsieur le curé de la paroisse principale, après avoir célébré une grande messe, fit faire la procession avec les mêmes appareils.

Monsieur le curé de Pont-l'Évêque en fit de même à

leur passage allant à Lisieux, où il y a une maison de l'Ordre. Les captifs y parurent en procession, avec permission de Messieurs les vicaires généraux. Ils furent reçus à la cathédrale et, de retour à l'église de l'Ordre, Monsieur l'Évêque d'Avranches y donna la bénédiction du Saint Sacrement, après le *Te Deum* chanté.

On passa par Neubourg, où se fit aussi la procession. De même aux grandes Andelys, à Gisors, où il y a aussi une maison de l'Ordre. A Pontoise, les captifs furent menés en procession à l'Abbaye de Maubuisson, où Madame l'Abbesse, sensible à la vue de ces infortunés, leur fit les aumônes. On passa ensuite à Montmorency, maison de l'Ordre, d'où enfin on se rendit à Chelles. C'était un spectacle à présenter à la piété et à la religion de Madame l'Abbesse. Cette princesse, qui sait joindre les qualités du sang royal dont elle est issue à la modestie et à la plus rigoureuse observance de la règle, trouva des objets qui donnèrent une nouvelle occasion à la charité qu'elle exerce envers tous les pauvres, par ses libéralités et les attentions dans leurs infirmités.

On prit ensuite le chemin de Cerfroid.

ANNEXE

Liste des captifs français rachetés au Royaumes du Maroc et d'Alger, en l'année 1725.

Maroc

– LOUIS RESNARD de Paris, âgé de vingt-et-un ans, esclave quatre ans.

– GERMAIN CAVELIER, natif de Honfleur, diocèse de Lisieux, âgé de soixante-et-un ans, esclave quarante ans.

– NICOLAS FIOLET, natif de Fécamp, diocèse de Rouen, âgé de soixante-et-un ans, esclave trente-huit ans.

– JACQUES HEM, natif de Chaume, diocèse de Luçon, âgé de cinquante-sept ans, esclave trente-sept ans.

– TOUSSAINT HAUTEMENT, natif de Saint Chaumas, diocèse d'Auch, âgé de cinquante-quatre ans, esclave trente-sept ans.

– JEAN GILLOIS, natif de Cognac, diocèse de Saintes, âgé de cinquante-deux ans, esclave trente-cinq ans.

– PIERRE GIBELIN, natif de Ciota, diocèse de Marseille, âgé de quarante-neuf ans, esclave vingt-et-un ans.

– CLAUDE GILLE, natif de Martigue, diocèse d'Arles, âgé de cinquante-huit ans, esclave vingt-six ans.

– PIERRE ARNAUD, natif de Toulon, âgé de quatre-vingt-trois ans, esclave vingt-trois ans.

– FRANÇOIS PASTEGUY, natif de Hendaye, diocèse de Bayonne, âgé de soixante ans, esclave vingt ans.

– SIMPHORIEN ROBERT, natif de Martigue, diocèse d'Arles, âgé de cinquante-huit ans, esclave dix-huit ans.

– ANTOINE BOATIER, natif de Martigue, diocèse d'Arles, âgé de cinquante-quatre ans, esclave seize ans.

– NICOLAS BOISSEL, natif de Dieppe, diocèse de Rouen, âgé de soixante ans, esclave onze ans.

– FRANÇOIS CURIOT, natif de Marseille, âgé de quarante-huit ans, esclave six ans.

– OLIVIER DESMARETS COTTEREL, natif de Saint-Malo, âgé de vingt-deux ans, esclave quatre ans.

– LAURENT KENAIDY, natif de Dublin, âgé de vingt-neuf ans, esclave deux ans.

– PIERRE PELLETRA, natif de Chaume, diocèse de Luçon, âgé de cinquante-huit ans, esclave trente-sept ans.

Alger

– THOMAS FOURDERIN, natif de Paris, âgé de cinquante-trois ans, esclave dix ans.

– GUILLAUME ODOUARD, natif d'Irlande, âgé de cinquante-six ans, esclave sept ans.

– NICOLAS GUEPPE, natif de Lille, en Flandres, âgé de quarante-trois ans, esclave sept ans.

– JEAN BERNARD HILT, natif de Stinnel, diocèse de Spir, âgé de quarante-trois ans, esclave six ans.

– CLAUDE JOSEPH BOURDERON, natif de Lyon, âgé de vingt-neuf ans, esclave six ans et quatre mois.

– PIERRE CANOT, natif d'Auvergne, diocèse de Saint-Flour, âgé de cinquante ans, esclave vingt-cinq ans.

– PIERRE TRUITE, de Saint Sève, diocèse de Torbez, âgé de cinquante ans, esclave sept ans.

– AUGUSTIN AUTEMBAC, natif de Landau, âgé de quarante ans, esclave trois ans.

– JEAN PEDRE, natif d'Ostende, âgé de vingt-et-un ans, esclave un an et quatre mois.

– LOUIS PRIAL, natif de Briançon, âgé de vingt-cinq ans, esclave quatre ans.

– JULIEN GOSSAN, natif de Limbourg, âgé de trente-sept ans, esclave quatre ans.

– SILVAIN GODET, natif de Château-en-Berry, diocèse de Bourges, âgé de soixante-sept ans, esclave trente-cinq ans.

– JACQUES DE LA HAYE, natif du Puy Notre Dame en Poitou, âgé de trente-cinq ans, esclave deux ans.

– ANDRÉ FALLER, natif de Colmar, âgé de trente ans, esclave deux ans.

– JULIEN BASNIER, natif de Saint-Malo, âgé de vingt-sept ans, esclave un an et quatre mois.

– MICHEL CALE, natif d'Abbeville, diocèse d'Amiens, établi à Gand, âgé de cinquante ans, esclave dix ans.

– ANDRÉ CATI, natif d'Edin, diocèse de Saint Omer, âgé de trente-sept ans, esclave trois ans.

– HYACINTE NORBERT, natif de Toulon, âgé de trente-sept ans, esclave dix ans.

– ADAM MAGER, natif de Dijon, âgé de quarante-sept ans, esclave deux ans et six mois.

– JACQUES VANSCLER, natif du diocèse de Bruges, âgé de vingt-huit ans, esclave quatre ans.

– JOSEPH GONTAR, natif de Marseille, âgé de trente-cinq ans, esclave dix ans.

– ANTOINE PITRE, natif d'Ostende, diocèse de Bruges, âgé de vingt-huit ans, esclave un an et quatre mois.

– MICHEL MAIR, natif de Mayence, âgé de soixante ans, esclave onze ans.

– JACQUES MERCIER, natif de Calais, âgé de cinquante-deux ans, esclave un an et quatre mois.

– JACOB DE VICHE, natif de Dunkerque, âgé de vingt-neuf ans, esclave un an.

– JEAN LINGLET, natif d'Ostende, âgé de vingt-quatre ans, esclave un an et quatre mois.

– JEAN-CHARLES JOB, natif de Landau, âgé de trente-cinq ans, esclave deux ans et trois mois.

– DOMINIQUE JANGEME, natif de Messine, âgé de soixante ans, esclave vingt-cinq ans.

– JEAN-BAPTISTE ADENET, de Marseille, âgé de vingt-huit ans, esclave quatre ans.

– ANTOINE YBRES, natif d'Ostende, âgé de quarante-deux ans, esclave deux ans.

– CHRISTIAN BEN, natif de Dunkerque, âgé de vingt-huit ans, esclave sept ans.

– PIERRE VALLOUARD, natif d'Ostende, âgé de dix-neuf ans, esclave un an et quatre mois.

– BERNARD ORBEC, natif d'Ostende, âgé de seize ans, esclave un an et quatre mois.

– FRANÇOIS CARTON, natif d'Ostende, âgé de vingt ans, esclave un an et quatre mois.

– JEAN CASANEUVE, natif de Clérac, diocèse d'Agen, âgé de trente-neuf ans, esclave dix ans.

– JOSEPH OLIVIER, natif de Palmes, âgé de vingt-huit ans, esclave deux ans et six mois.

– PIERRE BLOCQ, natif de Dunkerque, âgé de vingt-trois ans, esclave un an et quatre mois.

– DOMINIQUE BERNARD, natif de Gènes, âgé de quarante ans, esclave dix ans.

– HYACINTE BERTROUGE, natif de Gènes, âgé de quarante-cinq ans, esclave dix ans.

– JEAN GEORGES, natif de Naples, âgé de quarante-deux ans, esclave onze ans et six mois.

– JEAN LAS, natif de Copenhague, âgé de soixante-dix-sept ans, esclave quarante et un ans.

– MATHIEU BEN, natif d'Amsterdam, âgé de cinquante-sept ans, esclave cinq ans.

– NICOLAS COURI, diacre, natif de Laodicée, âgé de cinquante ans, esclave dix ans.

– MELCHIOR MASSO, natif du diocèse de Grasse, âgé de quarante-neuf ans, esclave dix ans.

– CLAUDE LE CLERC, natif de Nantes, âgé de vingt-et-un ans, esclave un an et quatre mois.

– PIERRE MARIN, natif de Rennes, âgé de trente-cinq ans, esclave un an.

– JOSEPH D'ALBANSON, natif de Modenne, âgé de vingt-huit ans, esclave cinq ans.

Tous ces captifs, après la procession faite à Paris, ont été renvoyés chacun dans leur pays [26].

ÉPILOGUE

J'ai lu, par l'ordre de Monseigneur le Garde des Sceaux, cette relation. Je l'approuve. Elle m'a paru très édifiante. On ne saurait la lire sans être convaincu que, dans l'Ordre de la Sainte-Trinité, la Charité est la source de beaucoup de prudence et d'une patience extrême, surtout lorsqu'il s'agit de ménager le rachat des chrétiens captifs des Maures.

Fait à Paris le 13 février 1726.

L'Abbé Raguet

[26] Les captifs de Flandre ont été conduits par le frère Nicolas.

TABLE DES MATIÈRES

DANS LA MÊME COLLECTION

La collection « Spiritualité » est la plus développée des collections des éditions Nouvelle cité. On y trouve des écrits spirituels comme ceux de Charles de Foucauld, Mère Teresa ou Chiara Lubich, mais aussi des portraits et vies de grandes figures spirituelles, parmi lesquelles de nombreux saints : François de Sales, Ignace de Loyola, Alphonse de Liguori…

En voici la liste complète par ordre alphabétique de titres :

A CONTRE-COURANT, A. S. RECEVEUR, Myriam Guibert
A FORCE D'AMOUR, Dom Helder Camara
ADELAÏDE DE CICÉ, Marielle de Chaignon
AFIN QUE LE MONDE CROIE, Wladimir Zielinsky
AIMER PARCE QUE DIEU EST AMOUR, Chiara Lubich
AMOUREUSE DU CRUCIFIÉ, SAINTE GEMMA GALGANI, Giulano Agresti
AUX PLUS PETITS DE MES FRÈRES, Charles de Foucauld
AVENTURE DE L'UNITÉ (L'), Chiara Lubich

PRÉSENCE DE MARIE : FONDATEURS, FONDATRICES MARISTES, Antoine FORISSIER

PRIÈRE À MARIE, Dom Helder CAMARA

PUISSANCE DE LA CROIX (LA), Édith STEIN

QUI EST DIEU POUR VOUS, Godfried DANNEELS

QUI PEUT RÉSISTER À DIEU, Charles de FOUCAULD

REDÉCOUVRIR THOMAS D'AQUIN, Stephan SWIEZAWSKI

REFAIRE L'ÉGLISE DE TOUJOURS, Fernand PORTAL

RÈGLEMENTS ET DIRECTOIRE, Charles de FOUCAULD

SAINT DU SIÈCLE DES LUMIÈRES, ALPHONSE DE LIGUORI (LE), Théodule REY-MERMET

S'ATTARDER AVEC DIEU, Waltraud HERBSTRITH

SEUL AVEC DIEU, Charles de FOUCAULD

SIX SOURCES OÙ PUISER DIEU, Chiara LUBICH

SUR LES PAS DU RESSUSCITÉ, Chiara LUBICH

TIMON-DAVID, AU CŒUR DES JEUNES, Jean CHELINI

UN CHEMIN DE CROIX, Mieczyslaw MALINSKI

UN CHEMIN VERS DIEU : LES CONSTITUTIONS DE SAINT IGNACE, Joseph THOMAS

UN DOCTEUR POUR L'ÉGLISE, THÉRÈSE DE LISIEUX, Bernard LALUQUE

UN HOMME POUR LES SANS ESPOIR : ALPHONSE DE LIGUORI, Théodule REY-MERMET

UN SAGE ET UN SAINT : FRANÇOIS DE SALES, André RAVIER

UN SAUVEUR NOUS EST NÉ, Marcel DRIOT

UNE LETTRE DE JÉSUS CHRIST, Jean de LANDSBERG

VIE EST UN VOYAGE (LA), Chiara LUBICH

VOYAGEUR DANS LA NUIT, Charles de FOUCAULD

CET OUVRAGE
A ÉTÉ REPRODUIT
ET ACHEVÉ D'IMPRIMER
PAR L'IMPRIMERIE FLOCH
À MAYENNE EN SEPTEMBRE 1995
POUR LE COMPTE DES
ÉDITIONS NOUVELLE CITÉ
37, AVENUE DE LA MARNE
92120 MONTROUGE

ISBN 2-85313-279-X
N° d'impr. 38117.
D. L. : septembre 1995.
(Imprimé en France)